1日5分の家事で運がどんどん良くなった！

しまった!!
寝すごした!
ガバッ
ぎゃー!!
加地まなみ（29）
ズボラ主婦
みゆ（3）
元気な幼稚園児
俺のワイシャツどこ?
タンスにないー?
どこだっけ
哲史（31）
普通の会社員
ママ〜ごはん〜
あーもう、そこのパンでも食べてて
や〜
うわっ、なにこれヨレヨレじゃん!
今日大事な商談なのに
あ〜ん
も〜
そんなこと言うなら自分でやってよ!!

朝から疲れた…
ゴミ出し完了っと…
ぐっちゃーーー
ブッン
後片付け…
なんで私ばっかりこんなこと…
めんどくさい～
かえせっ
ニャ～
たしっ
ゴソ
ゴソ
ゴソ
……
ちょっと休んでからにしよっ
ゴロ。。
は
POTATO
みゆのお迎えバスまで時間あるし
ピッ
ん？
奥さま必見!!
家事で運がよくなる!?
ママーニャーかいたの

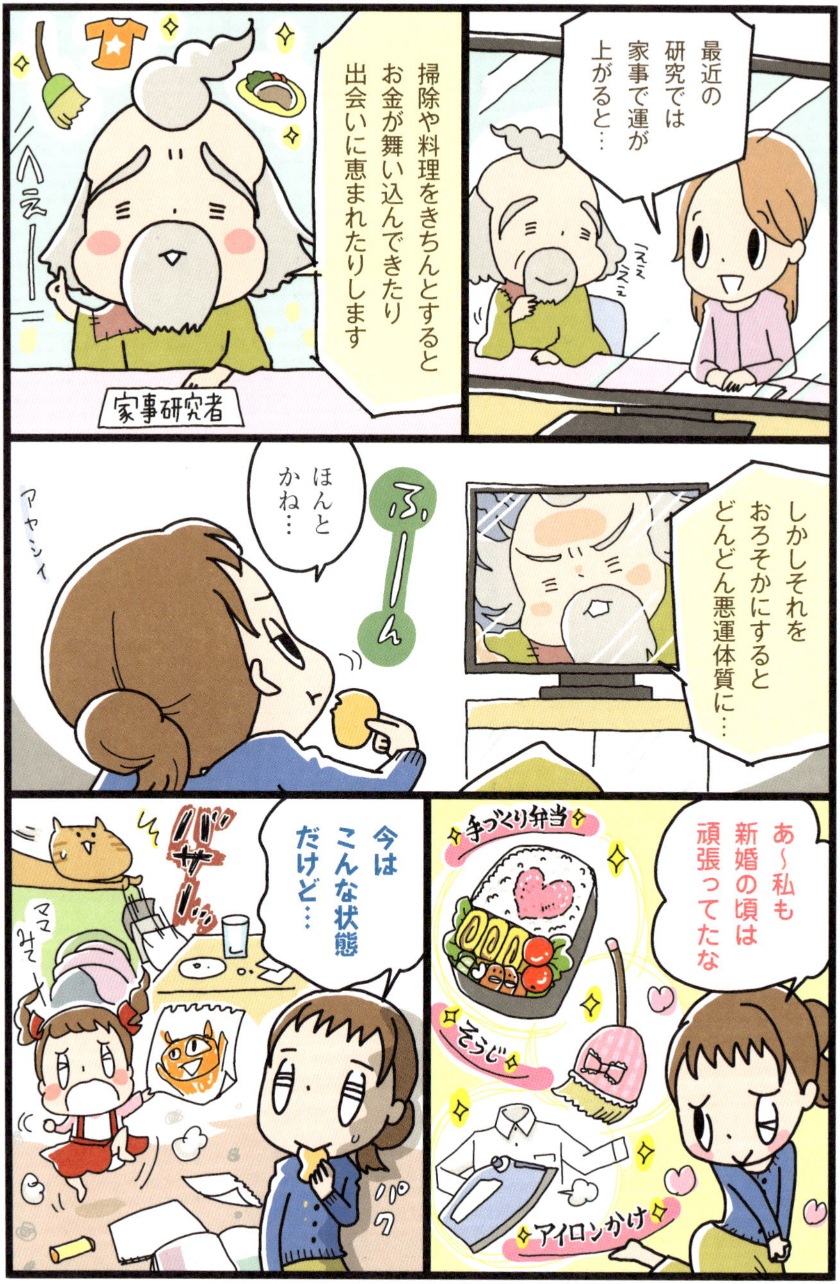

最近の研究では家事で運が上がると…
掃除や料理をきちんとするとお金が舞い込んできたり出会いに恵まれたりします
へぇ〜
家事研究者
しかしそれをおろそかにするとどんどん悪運体質に…
ふ〜ん
ほんとかね…
アヤシイ
あ〜私も新婚の頃は頑張ってたな
手づくり弁当
そうじ
アイロンかけ
今はこんな状態だけど…
バサッ
ママみて
パク

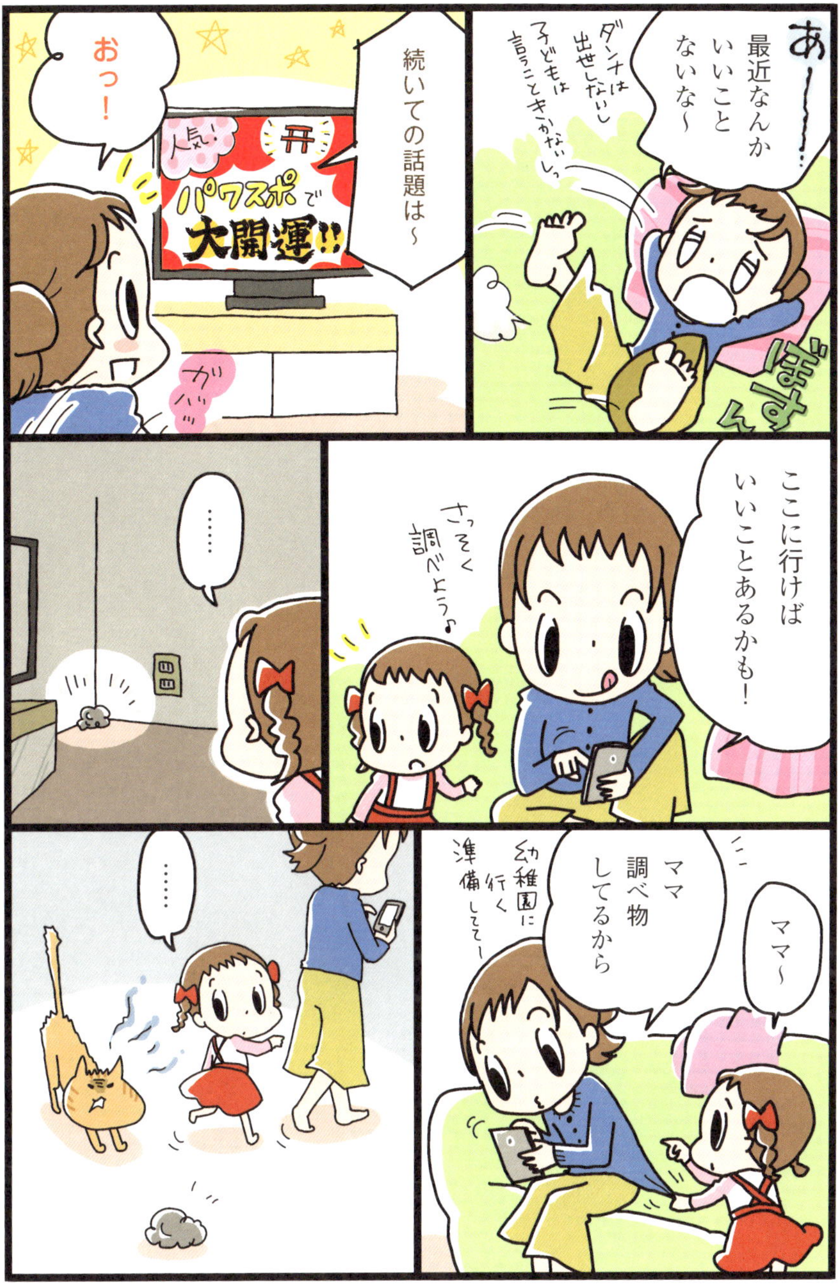
あ〜〜〜…!!
最近なんかいいことないな〜
ダンナは出世しないし子どもは言うことキかないしっ
ぼすん
続いての話題は〜
人気!
パワスポで大開運!!
おっ!
ガバッ
ここに行けばいいことあるかも!
さっそく調べよう♪
……
ママ〜
ママ調べ物してるから
幼稚園に行く準備してて〜
……

もくじ

第1章　運が良くなる家事のきほん

第2章　運が良くなる掃除

第3章　運が良くなる料理

第4章　運が良くなる洗濯

キャラ紹介

加地《かじ》 まなみ（29）

食べることとパワスポめぐりが好きな主婦。ズボラでのんきな性格で、家事をついサボりがち。

哲史（31）

まなみの夫で普通のサラリーマン。なかなか出世せず、仕事の疲れを愛娘のみゆで癒している。

みゆ（3）

お絵描きとお手伝いが好きな幼稚園児。飼い猫のミャーとじゃれあい、部屋をよく散らかす。

田貫《たぬき》 ゆり（22）

掃除はプロ級だが、料理は苦手なお嬢さま。おっとりした性格で、あだ名はたぬきちゃん。

千《せん》 拓哉《たくや》（21）

なんでも水に流す、クリーニング屋のバイトくん。「センタク」の愛称で近所の奥さまに大人気。

悪運さま

汚い家に住みつく神さま。ホコリの雲で移動し、ダメ家事をつつくのが好き。洗剤と水が苦手。

第1章
運が良くなる家事のきほん

ただいま〜
つかれた〜
おかえりー
お掃除するなら
ダヌキン♪
パワ スポ
…って
朝のまんまじゃん!!
ごめーん
すぐごはんにするから〜
とか言って
また惣菜とかだろ
しょうがないじゃん
疲れてるんだし〜
それはこっちのセリフだよ
毎日作るの大変なんだから
ハイハイ
パパの癒しはみゆだけだよ〜
パパ、あれー
どうした?

あっ
おーい
みゆがホコリ気になるって
え？
どこ？
私には見えなし〜い
節穴かよ…
ほら見ろ
ここだって
んー
どれどれ…
ひょこっ
よっ
!!
なな、なんかいるー!?
スチャ
これこれ！
ちょっと待てい！
そんなんでワシは倒せんぞ
ゴキジェット
ニャ

ばれてしまったら仕方ない
コホン
ワシは悪運さまじゃ
悪運…!?
見ての通りの汚い家に住む、神さまじゃ
えー…?どこのこと言ってるんですか?
ウチだろ!!
ビシ
最近はどこも殺菌や除菌ばかりでせちがらい世の中じゃが…
殺菌100%
除菌シート
菌
この家は居心地が良くての~
ずいぶん世話になっとるわい
はぁ…

で、悪運さまがいるとどうなるの？
悪運なのに神さまってのも気になるけど
そんなの簡単じゃ
ぷぷ
ガーン
最悪
運が下がっていいことがなく太りまくる!!
お金が減って家族はケンカ…
肌も髪もボロボロになるんじゃ～
最悪じゃん…
おそろしい
今すぐパワスポ!!
おはらいに行かないと！
もったいないのぅ～
ずしっ
…へ？
そんなことをせんでも運なんてすーぐ良くなるのに
あーもったいないもったいない

何っ？どうしたらいいの？
教えてもいいけどぉ～
どーしよっかな
教えないと洗剤に突っ込むよ？
わー!!
それだけはヤメテー!!
超強力洗剤
教えるわい
わかったわかった
運を良くするカギは…
家事じゃ
家事っ…
そういえば今朝テレビで…
風水というものがあっての
それによると人の運は身の周りの環境で決まるという
ふーすい？
自分の周りにあるものから運を吸収！
いい運
だから部屋を掃除しろって本にあるよな
ちっともしないけど
……

しかし〝環境〟とは部屋だけではない！
ガーン
例えば〝服〟！これは自分の体を包む「家」とも言える
悪運
服が汚れているのは汚い部屋にいるのと同じことじゃ
悪運がつく
そして〝食べ物〟も運を取り入れる重要ポイント!!
ガーン
これが雑になると悪運体質に！
インスタントラーメン
後片付けも大事じゃ
暮らしの基本は、衣食住！
衣
食
住
これを整える家事を5分でもやれば運はすぐに良くなるのじゃ
…ということは
家事をすればパワスポに行かなくても運が上がるってこと!?
オトクじゃないの
ま、できればの話じゃがな
あ…
道のりは遠いね
ぷぷ

Housework

運が良くなる家事って？

毎日の家事が毎日の運をつくっている

家族の食事をつくって、部屋が汚れたら掃除して、服をキレイに洗って…と、家事は毎日するもの。時にはすることの多さにうんざりしてしまったり、サボりたくなることもあるでしょう。

しかし、そんな家事にこそ、自分や家族の運を上げる秘密があるのです。「環境開運学」と言われる風水では、私たちは自分の身の周りの環境から運を吸収すると考えます。どんな家に住み、どんな服を着て、何を食べるかで、私たちの運は大きく変わるのです。そして、それを整えるのが家事です。

「なんだか最近いいことがないな」と思ったら、家事のやり方を見直してみましょう。掃除や料理、洗濯をすることで様々な幸運やチャンスに恵まれるようになり、遠くのパワスポに行かなくても運を上げることができます。

運を良くするには衣食住のどれもが大事

暮らしに衣食住のどれもが欠かせないように、運もこの３つのバランスが大事です。料理だけ完璧に頑張っても、掃除や洗濯がおろそかになっていれば、運は上がりません。無理なくできる範囲でいいので、掃除・料理・洗濯それぞれを丁寧に行いましょう。

運がいい人はこんな家事をしている

掃除や料理・洗濯などで暮らしを整えると、運はどんどん良くなっていきます。自分にできそうなことを探してみましょう。

衣

- 洗濯をまめにし、清潔で着心地のいい服を着ている
- 服を丁寧にたたんで、キレイにしまっている
- 衣替えなど、定期的に服のメンテナンスをしている　など

食

- 新鮮な食材や旬のものを使って、おいしい食事をつくっている
- 盛り付けや食器選びで、料理のおいしさを引き立てている
- 調理道具や食器など、キレイに手入れして使っている　など

住

- 汚れのない、キレイで居心地のいい部屋をキープしている
- 清潔で使いやすい掃除道具を愛用している
- いらないものはすぐに捨て、整理整頓ができている　など

こんな家事をしていると…

Housework

運が良くなる家事の効果

家事をすると幸運体質に！

家族の中で自分だけが掃除や料理をしていると、「なんで私ばっかり…」と不満に思うこともあるでしょう。しかし、家事をすることにはたくさんのメリットがあるのです。

まず、家事で生まれる開運効果は、家事をしている人に表れます。家事をすればするほど幸運体質になり、人間関係や仕事、収入の面などでいいことがたくさん起こるようになるでしょう。

また、金運アップの家事をすることで夫の収入が上がるなど、一緒に暮らす家族の運もアップ！　家事の開運効果を使えば、専業主婦でも家計アップに貢献できるのです。自分の家事が家族全員にいいことをもたらすと考え、前向きに取り組みましょう。

毎日の小さな開運家事が数年後には大きな幸運に

家事で暮らしが整うと、いい運がどんどんたまっていきます。それを日々続けていけば、仕事でチャンスが舞い込んだり、将来子どもが出世するなど、大きな幸運に恵まれることも。

また、家事をすることで家の中が整うと、家全体にいい気が漂うようになり、事故や泥棒などのトラブルから家を守ることができます。このように、家事は様々な幸運をもたらすのです。

運を上げる家事のやり方

掃除・料理・洗濯のどれでも、このルールを大事にしてやると、運がさらに良くなります。

叶えたいことをワクワク想像して楽しむ

「金運上がれ～」など、必死になって家事をするより、「金運が上がったら服を買おう」など、ポジティブなイメージで家事をすると開運に◎。

楽しい気分で家事をすると開運効果アップ！

やってみたいと思ったものを楽しんでやる

「やらねば」の義務感ではなく、「やるといいことありそう」という前向きな気持ちが運を上げます。やりたいと思うものからトライしてみて。

家事には「やらなくてはいけない」こともあります。しかしその中でも「どうしたら楽しくやれるか」を考え、工夫できると開運に大きなプラスに！

完璧主義をやめて楽しい気持ちで家事をする

「あれもこれも完璧に！」を目指すと、やる気が続きません。ハードルを下げたり、ご褒美を用意するなどして、家事を楽しみましょう。

掃除したらケーキを食べるなど、自分にご褒美を

Housework

ラク家事で開運しよう

ラク家事を取り入れて手間を省こう

「家事で運が良くなる！」とわかっていても、実際にやらなければ運は上がりません。しかし料理も掃除も洗濯も、毎日完璧にやろうとすると大変なことに。時間が足りなくなってストレスがたまったり、やる気が出ず、つい後回しにしてしまうこともあるでしょう。

そんな人にオススメなのが〝ラク家事〟。これは、手順や道具を工夫することで、簡単＆効率良くできる家事のこと。ラク家事を取り入れると、短時間で部屋がキレイになったり、調理の手間が省けるなど、いいことずくめ。満足いく結果が簡単に得られるので、家事のストレスも軽減！　「うまくできた」という達成感で家事が楽しくなり、それによってますます運が上がります。本書で紹介するラク家事アイデアを活用し、手軽に開運しましょう。

5分の家事でも運は上がる！

部屋全部をキレイにするのは大変ですが、「靴をしまうだけ」「床をさっと掃くだけ」なら5分もあればできます。運は足し算方式で上がるので、ちょっとした家事を1つやるだけでも運気がアップ！　本書でも、5分あればできる家事をたくさん紹介しているので、ぜひやってみてください。

ラク家事のポイント

手間を省いて家事をシンプル化すると、効率アップ。「面倒くさい」がなくなり、時間や心にゆとりができれば、開運にもつながります。

やらなくていいことはしない

家事には色んな手順がありますが、中には「やらなくていい」ことも。それを見極めて省くと、家事がグンとラクに。道具も減らすと◎。

掃除や料理の手順を見直し
ムダな労力をカット!

家事で悩む時間が減ると
ストレスも減るよ

ルールや仕組みをつくって効率アップ

献立に悩まないよう、定番メニューをリスト化しておく、洗濯の動線を短くするなど、スムーズに家事が進むルールをつくるとラクに。

掃除は「後でまとめて」にすると汚れが落ちにくくなり、大変に。「気づいた時にすぐやる」を心がけると、少ない労力でキレイをキープできます。

家族と家事ルールを共有し協力してもらう

1人で家のことを全部やるのは大きな負担に。部屋の片付けルールなどを家族で共有し、できる人がやるようにすると効率的です。

あらかじめルールを伝え、
家族が動けるようにしましょう

家の中心で夢を叶える

家の中心（→P84）は、家の中で一番パワーが集まる場所。ここをキレイに掃除すると、自分の夢を叶えたり、大きな幸運を招くことができます。

幸せのラインをキレイに

玄関と家の中心を通るラインは、「幸せのライン」と呼ばれるラッキーゾーン。ここをキレイに片付けて掃除すると、全体運が一気に上がります。

玄関から入る良い気を家じゅうに届けましょう

夢に関するものを置く

ほしいものや行きたい場所、なりたい人、憧れの職業に関するもの（写真や雑誌など）を家の中心に置くと、実現度が上がります。

仕事運なら青など、玄関と家の中心に同じ色のものを置くとその色の開運効果（→P155）が倍増！ ラベンダー×ゴールドは運を上げる最強カラーです。

第２章
運が良くなる掃除

翌朝
……
むくり
なんか変な夢見たな…
休みだけどダーチは接待ゴルフか
悪運さまとか…何だったんだろ…
ふぁぁい
カチャ
おぉ珍しく早いのう
ママおはよー
話題
ゆる貯めで100万円貯める!
夢じゃなかったー!
な、何してんの!?
悪運つくから寄っちゃダメっっ
人間観察じゃ
最近はこーゆーのが流行ってるんじゃのう
にしても
もったいないのぅ~
へ?
何が?

ご近所さんは掃除やゴミ出しをしてるのに
おはようございまーす
この家は片付けも掃除もされず悪運の温床じゃ
まー ワシには居心地いいけどの
ぬぬぬ
……
わかったわよ!!
掃除すればいいんでしょ!!
おやおやそれで掃除を?
何よ
ムッ
ぷ
何がいけないっていうの?
その道具が既に悪運でいっぱいじゃ
えっ
いーやー
汚い道具には悪運がたんまりつくんじゃよ
おーっ
これも!?

汚い道具で掃除するとかえって悪運を広げてしまうんじゃよ
キレイな道具で汚れと悪運をはらうのが掃除の基本じゃ
じゃあ掃除道具と一緒に洗剤も買って…
ま──たまた
もったいないのぅ〜
ずしっ
なんで？
イタ〜〜イ
そうやって洗剤を買っても使い切れてないじゃろ？
ホレ
確かに…
いつ買ったっけ
ぎっしり
わざわざ専用の洗剤を買わなくても家にあるもので汚れは落とせるんじゃよ
酢
重曹
お金を使わずお手軽
ママ新しいのあったよー
あらやだ私ってばちゃーんと準備してたんじゃない
忘れてただけじゃろ。。

道具をそろえたら
まずは玄関を
掃除じゃ
え？
リビングとか
じゃなくて？
玄関は全ての運の入り口
まずここをキレイにすると
運の流れが良くなるぞ
いい仕事や出会い
お金が入ってくるぞ
へー
次にトイレや台所
お風呂の水場じゃ
リビングはその後でよいぞ
ハイッ!!
じゃあ
さっそく
玄関を掃除…
う…
う～～ん…
ぐしゃ～
道のりは遠いのぅ
まず靴をしまって…
ハイッ
ほうきで掃いて
水拭きすると完璧じゃ
悪運を外に出す
イメージで
ふえ～

玄関掃除なんて久しぶり…
あ～ 面倒くさ～い
もったいないのぅ～
何？
ちゃんと掃除してるでしょっ
運を上げるには気持ちも大事!!
「面倒くさい」「疲れた」と思ってやると、せっかく掃除しても運気は半減
DOWN
UP
それより「これで運が上がる!」と思ってやると運気倍増じゃ
鼻歌でも歌いながらやれば宝くじとか当たるかもよ～
ピク
たっからっくじー♪
たっからっくじー
現金なものじゃのう
ぷぷぷ
せっせっせっせっ

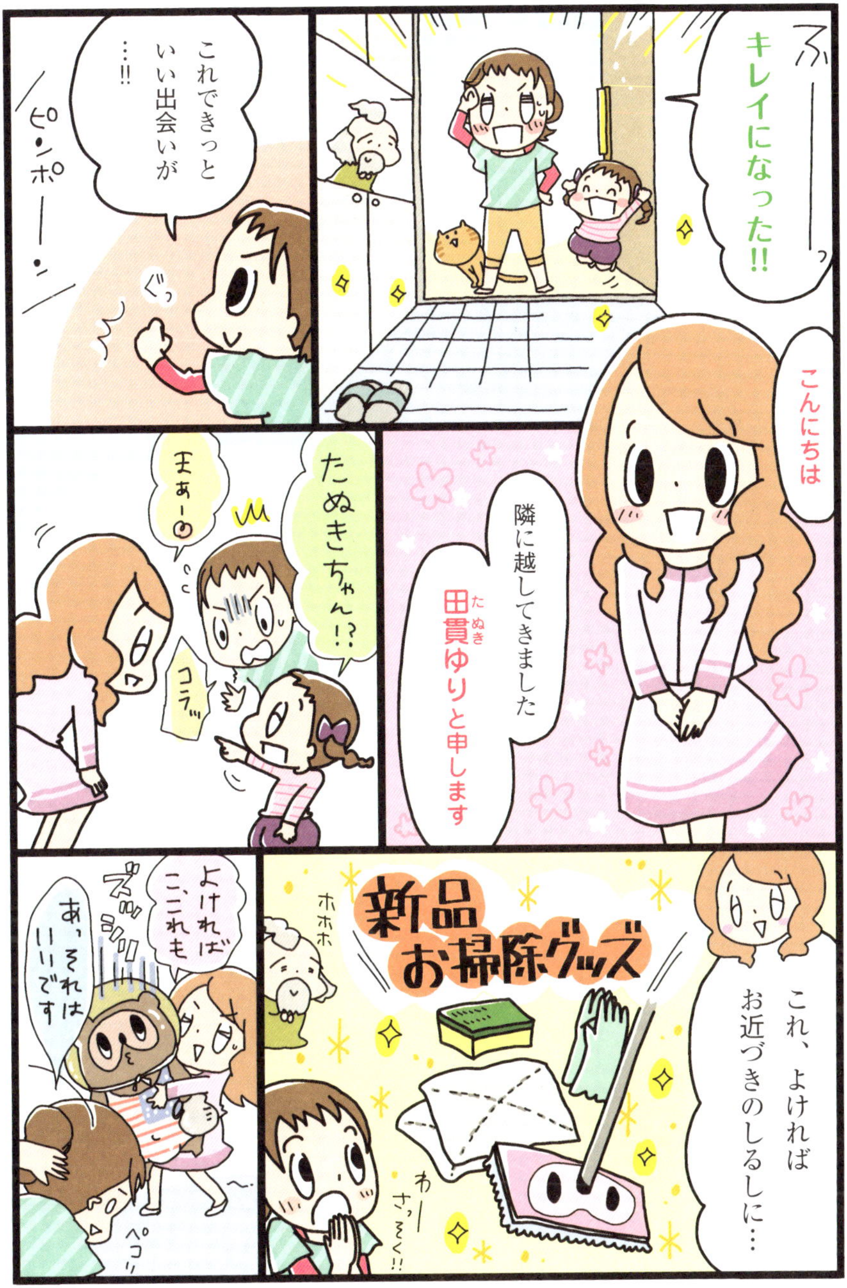
ふーーーっ
キレイになった!!
これできっと
いい出会いが
……!!
ぐっ
ピンポーーン
こんにちは
隣に越してきました
田貫《たぬき》ゆりと申します
たぬきちゃん!?
まあー
コラッ
これ、よければ
お近づきのしるしに…
新品
お掃除グッズ
ホホホ
わー
さっそく!!
よければ
こ、これも
ズッシリ
あ、それは
いいです
ペコッ

運が良くなる

掃除

キレイで快適な環境が幸運をもたらす

　キレイな部屋にいれば気分が良くなり、汚い部屋にいれば落ち着かないように、私たちは、自分の身の周りの環境から様々な影響を受けています。運も同じで、清潔でキレイな家に住んでいると、いい人と出会えたり、仕事のチャンスが舞い込むなど、運がどんどん良くなります。ものを片付け、部屋をキレイに掃除することで、いい運を取り込みましょう。

運が良くなる掃除3つのルール

1 いらないものを捨てる

ゴミがたまると、悪運もたまります。不要品や1000日（約3年）使ってないものはすぐ捨て、いい運を招きましょう。

2 キレイ＆明るいをキープ

どの部屋でも共通する開運ポイントです。清潔で明るい部屋なら、いい運がどんどん入ってきます。

3 まめに換気する

窓を開けて空気を入れ替えると、家にいい運が入ってきます。特に朝と来客後は換気をすると◎。運を下げる悪臭はNG！

汚れは、ついたらすぐに
掃除すれば簡単に落ちるよ！
日常のついでにやる
プチ掃除を習慣にしよう

Cleaning

運を上げる掃除道具の選び方

使いやすく、汚れをしっかり落とすものを選ぼう

掃除道具の目的は、汚れを落とすこと。なので道具で大切なのは、汚れがしっかり落ちて、使い勝手がいいことです。いくらデザイン性に優れたオシャレなものでも、実際に使わなければ家はキレイにならず、運も上がりません。機能性が高く、毎日の掃除をラクにしてくれる道具を選びましょう。

また、黒ずんだ雑巾など、汚れた掃除道具には悪運がたまっているもの。それで部屋を掃除すると、かえって悪運を広げてしまいます。掃除道具はキレイに手入れし、汚れたら清潔なものに取り替えましょう。

掃除道具は「家をキレイにしてくれてありがとう」と思いながら丁寧に使うと、強力な開運アイテムになります。道具に感謝しながら掃除しましょう。

洗剤は場所ごとに分けず重曹や酢などでシンプルに

家の汚れは、油汚れか水垢の2種類に分かれます。油汚れは重曹やセスキ、水垢は酢（クエン酸）を使えば、大抵の汚れは落とせます。洗剤の種類が減れば、あれこれ買いそろえる必要がなくなり、掃除もラクに。自然派素材で、家計にやさしいのも魅力です。

こんな道具があると便利

ほうきや掃除機などの基本アイテムに加え、こんな道具があると掃除がラクに。トイレで使うものはトイレに置くなど、掃除する場所に置きましょう。

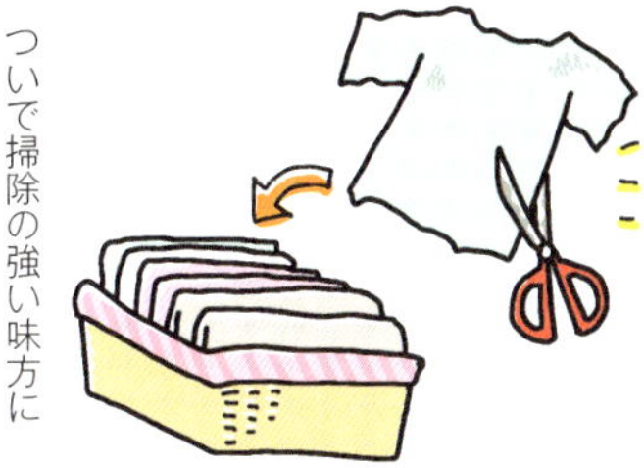

ウエス

古い服を小さく切って、家のあちこちに置いておくと、汚れた時にさっと拭けて便利！ 掃除後、そのまま捨てられるのでラクです。

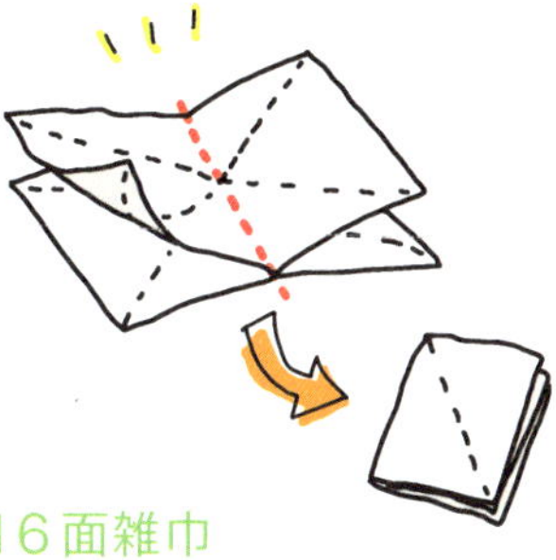

16面雑巾

薄い雑巾を２枚重ね、真ん中で１つに縫ったもの。四つ折りにすれば16面使うことができ、掃除中にいちいち洗う手間が省けます。

掃除クロス

マイクロファイバー素材で、細かなホコリや汚れもしっかりキャッチ！ 家具用とガラス用の２種類があると便利です。

排水口用360°ブラシ

歯ブラシ３本をテープでまとめたもの。台所やお風呂、洗面台の排水口に入れてくるくる回すと、汚れが隅々までキレイに落ちます。

床に塩を軽くふってから掃き掃除をしたり、塩や日本酒を入れた水で雑巾がけすると、いい運を招きます。掃除道具を天日干しすると、開運力がアップ！

重曹でお掃除

弱アルカリ性で、台所の油汚れや調理道具の焦げなどを落とします。粉末でも使え、消臭効果も。頑固な汚れには石けんを組み合わせましょう。

重曹
スプレーに入れると
使いやすさアップ！

重曹水

250mℓの水に、重曹大さじ１を混ぜて完成。無垢材のフローリングや畳には使わないように。

水
1
重曹
3
重曹水で落ちない
汚れに使いましょう

重曹ペースト

重曹３：水１の割合でよく練って使います。１時間ほどで固まってしまうので、使う分だけつくって。

アルミ製品は黒ずむことがあるので、目立たない場所で試してから使いましょう。変色した場合、酢につけると元に戻ることがあります。

1時間ほどパックすると
汚れが落ちやすくなるよ

重曹石けんペースト

重曹・粉石けん（台所用洗剤でも可）・水を１：１：１で混ぜたもの。頑固な油汚れにぬって、こすり落とします。それでも落ちない場合は、ラップでパックして。

重曹には薬用・食用・工業用の３種類があります。食器など、口に直接触れるものの汚れ落としにも使うなら、薬用か食用を選ぶと安心です。

セスキでお掃除

重曹の仲間であるセスキ炭酸ソーダの洗浄力は、重曹の約10倍！ 水に溶けやすく、洗濯にも使えるのが魅力。焦げつきには使えないので注意。

肌が荒れやすい人はゴム手袋をして使って

セスキスプレー

300㎖の水に、セスキ炭酸ソーダ小さじ1/3を混ぜて完成。油汚れや家具の手垢、服の皮脂汚れやシミにも効きます。消臭効果も。

白木の家具や床、畳、アルミ製品、革製品、大理石には使わないように。

酢でお掃除

台所や浴槽などの水垢やトイレの黄ばみに効果を発揮！ 酢のニオイが気になる人はクエン酸を使ってもOK。使用後は成分が残らないよう水拭きを。

酢スプレー

酢1：水2の割合で混ぜて完成（200㎖の水に、クエン酸小さじ1でもOK）。酢のニオイは30分ほどで消えます。大理石や鉄には使用できません。

金属を使ってないスプレーに入れて

酢・クエン酸の成分が残った状態で、カビ取り剤などの塩素系洗剤を使うと有毒ガスが発生します。掃除道具にも成分が残らないよう、キレイに洗って。

掃除のきほん

掃除で部屋がキレイになると、運はどんどん良くなります。汚れをためて一気に掃除するより、１分でもいいのでまめに掃除する方が部屋が喜び、幸せをサポートしてくれるようになります。

悪運のもと！ゴミをためない

ゴミや不要品がたまると、家計が苦しくなる、太る、いい出会いを遠ざけるなど、悪いことが起きやすくなります。いらないものはすぐ捨て、キレイな空間にしましょう。

ゴミがたまると
脂肪もたまります

悪臭も開運をジャマします。生ゴミなどはまめに捨て、換気や消臭を心がけましょう。

〝気づいたら掃除〟を習慣にする

汚れた時にさっと拭いたり、掃いたりすれば、汚れは簡単に落とせます。掃除道具をすぐ取り出せる場所に置き、さっと掃除する習慣をつけましょう。

1〜2アクションで
道具が取れると便利

＼らくカジ！／

朝起きたら、部屋を移動しながらフロアワイパーで床掃除するなど、日常の行動のついでに掃除するとラクです。

掃除するとその場所が
家族を守ってくれるぞ

玄関・トイレ・台所は毎日掃除できると◎

毎日使って汚れやすい玄関・トイレ・台所をキレイにすると、運が一気に上がります。運が落ちてると思ったら、ここの掃除を念入りにしましょう。

1日1分、さっと掃く・拭くだけでもOK。ハードルを下げて習慣に。

朝は必ず換気して空気と運を入れ替える

窓を開けて空気を入れ替えると、部屋にたまった悪運も出ていきます。特に朝は、夜中にたまった悪運を出し、いい運を招くチャンス！ 必ず換気をしましょう。

朝に掃除ができない時でも
換気はしましょう

22〜2時は、あまり良くない気が動いている時間。この時間は静かに過ごす方がいいので、派手な掃除は避けましょう。夜に掃除するくらいなら早く寝て、翌朝に掃除するのが◎。

玄関

運を良くしたいなら、最初に掃除すべきは「玄関」。玄関は全ての運の入り口で、ここをキレイにするといい出会いや仕事、お金などに恵まれます。狭い空間なので余分なものは置かず、整理整頓を。

片付けてスッキリ！

□靴

かかとがすり減っていたり、穴があいているなど、使えない靴はすぐ捨てましょう。1年以上履いてない靴も処分を。

□傘

家族の人数分＋1本くらいあれば十分。たまっているビニール傘は、すぐに捨てて。

□DMやチラシ

不要なものは読んですぐ捨てれば、たまらずスッキリ！

□玄関に不要なもの

子どもの遊び道具やゴルフバッグなどは個人の部屋へ。

全体運　悪運落とし

たたきをピカピカに磨いて悪運を落とす

たたきの目に詰まった汚れは
歯ブラシでかき出して

ほうきでたたきのホコリを掃き、水拭きすると全体運がグンとアップ！　しつこい汚れには、重曹ペーストをぬって５分放置し、拭き取りましょう。

＼らくカジ！／

丸めて軽く濡らした新聞紙でたたきを磨くとピカピカに！　新聞クズがポロポロ出ますが、最後にまとめて掃けば、たたきの細かなホコリも一緒に取れ、一石二鳥です。

悪運さまの

もったいないのぅ

１日じゅう外を歩いた靴には、汚れと一緒に色んな悪運がついておる。それをそのまま玄関に放置すると、家の中に悪運がどんどん広がってしまうぞ。家に帰ったら靴底を軽く拭き、汚れと一緒に悪運も落とすのがオススメじゃ。また、靴底と玄関のたたきを１週間拭くと、運を強力にアップできるぞ！

全体運　悪運落とし

キレイな玄関マットで厄落とし

玄関マットは外でついた悪運を落としてくれます。汚れやすいのでまめに洗濯しましょう。重曹を全体にふりかけて２時間おき、掃除機で吸うと消臭に。

八角形や円形で天然素材のマットが、運を上げるのにオススメです。

全体運　悪運落とし

下駄箱を塩水で拭くと全体運が良くなる

下駄箱は隅に泥やホコリがたまるので、細いノズルの掃除機で吸い取りましょう。その後、塩水でしぼった雑巾で拭き、扉を開けて乾燥させれば、全体運が上がります。

雑巾に消毒用エタノールをつけて拭けば、カビ予防に

＼らくカジ！／

ジャムの空き瓶などに重曹を入れ、ガーゼなどでフタをして下駄箱に置くと、２～３ヵ月ほど消臭＆除湿ができます。使用後はたたきの掃除などに使えば、ムダがありません。

出会い運

靴をしまって出会い運アップ

家族の人数以上の靴がたたきにあると、その分だけ出会いをつぶしてしまいます。必要のない靴は下駄箱にしまう習慣をつけましょう。

使った靴は2時間ほどたたきに置き、湿気を取ってからしまいましょう

＼らくカジ！／

下駄箱の棚に新聞紙を敷くと汚れにくく、汚れた時の取り替えも簡単です。

悪運さまの

もったいないのぅ

夏なのに冬のブーツが出しっぱなしなど、玄関に季節外れのものが放置されていると、仕事や出会いなどでいいチャンスを逃してしまうぞ。シーズンが終わったものはきちんと手入れし、しまっておくのが原則。季節外のものは出し入れもあまりしないので、下駄箱の上の方の段に入れておくのがオススメじゃ。

悪運さまの
もったいないのぅ

カギは「仕事や人間関係でキーパーソン（重要人物）になる」ことにつながるアイテム。それを玄関にむきだしの状態で置いておくと、出世運や対人運が大きく下がってしまうぞ。カギは専用のケースやフタつきの箱などに入れて保管し、大切に扱うのじゃ。

才能運

ドアノブをピカピカに磨いて才能開花！

ドアノブなどの金具をキレイに磨くと、才能運が上がります。目立つ手垢には重曹水をかけて水拭きし、乾拭きしましょう。

ゴールド系の金具を磨くと金運もアップ

＼らくカジ！／

歯磨き粉をつけた布でドアノブを軽くこすると、汚れが落ちてピカピカに！

＼上から下へ、一方向に拭くと拭きムラが目立たず、キレイに！／

全体運　出会い運

キレイなドアでいい運を招く

玄関のドアは、ハケなどで砂やホコリを落としましょう。その後、重曹水で固くしぼった雑巾で水拭きし、乾拭きでキレイにすれば全体運や出会い運がアップ。

汚れがよく見える、明るい時間に掃除するのがオススメです。

台所

火と水を扱う台所は、金運を左右します。また、家運《かうん》（家全体の運）を司り、家族全員の健康や幸せを守る大事な場所。油汚れや水垢、食べこぼしなどが残らないよう、使ったら掃除しましょう。

片付けてスッキリ！

□ **食材や調味料**

不要な野菜は健康運、果物は金運ダウン。賞味期限が切れたものはすぐに捨てましょう。

□ **ストック**

使わない割り箸などをためているのは、ゴミをためるのと一緒。運が下がるので処分を。

□ **調理道具・保存容器**

テフロン加工が取れたフライパンやしまらない容器など、使えなくなったものは捨てて。

□ **食器**

色素沈着したものや欠け、ヒビがあるものは手放しましょう。

ステンレスのシンクは目（細かい筋）に沿ってこすると傷がついても目立たないよ

金運

シンクの汚れは金運ダウン 重曹＋酢でピカピカに

シンク全体に重曹をふってスポンジでこすり、洗い流します。落ちない水垢には酢スプレーをかけ、10分後に重曹をかけてスポンジでこすり、洗い流して。最後に乾拭きすれば、カビ予防に。

＼らくカジ！／

ファイバークロスで水気を拭くと、雑巾より吸水性が良く、短時間でピカピカになります。

美容運

排水口をキレイにして 美肌をキープ！

排水口の汚れは、肌荒れの原因に。調理後は生ゴミを捨て、排水口の中や周りに重曹をかけ、歯ブラシでこすりましょう。最後に熱湯を流せば消臭に。

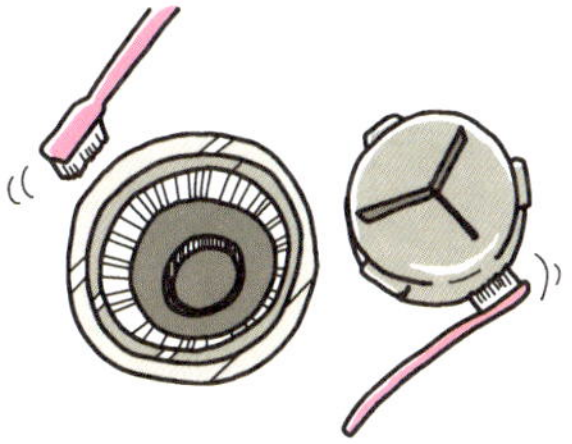

汚れやニオイがひどい時は酢も使って掃除を（→P55）

細かい部分は歯ブラシでこするとキレイに！

金運

三角コーナーを清潔にし 金運アップ

黒ずみやぬめりがつきやすい三角コーナーは、1日の終わりにゴミを捨てて掃除を。濡らした布に重曹水かセスキスプレーをつけ、こすり洗いしましょう。

排水口・三角コーナーともに、掃除後に酢スプレーをひと吹きすると、ぬめりと悪臭予防ができます。

金運

ガス台をキレイにして ムダづかいを防ぐ

コンロの汚れは衝動買いを招きます。軽く濡らしてレンジで温めた布でこすると、油汚れが落ちます。落ちない汚れにはセスキスプレーをかけ、水拭きを。

＼らくカジ！／

古いジーンズを使いやすいサイズに切り、ぬるま湯に軽く浸してからコンロをこすると、洗剤なしでも汚れが落ちます。

金運

五徳の頑固な汚れは 重曹やセスキで落とす

五徳を外して軽く濡らし、重曹水やセスキスプレーをかけたスポンジで汚れを落としましょう。重曹石けんペーストをぬって、こすり洗いしても OK。

頑固な汚れは、セスキを溶かした湯に 20 分ほどつけ、こすり洗いを。

セスキスプレーをかけたスポンジで受け皿や網をこすってもＯＫ

金運

グリルの汚れは金運ダウン 重曹・セスキで汚れを浮かして

グリルは、使用後の熱いうちに重曹（セスキでも可）と熱湯を受け皿に入れ、冷めたらスポンジでこすり洗いを。網の焦げつきは、丸めたアルミホイルでこすると◎。

＼らくカジ！／

グリルを使う時、受け皿の水に片栗粉大さじ 1 を入れると掃除がラクに。調理後、1 時間ほど放置すると片栗粉が固まるので、後はそれをはがすだけで汚れもニオイもキレイに取れます。

出会い運

換気扇をキレイに掃除していい出会いを招く

くるくる回る換気扇は「円＝縁」を司り、両縁を招きます。雑巾に重曹水かセスキスプレーをかけ、レンジフードの外側と内側をキレイに拭きましょう。

＼らくカジ！／

頑固な汚れは、セスキをかけたペーパータオルを貼り付け、5分後にそのペーパータオルで拭き取りましょう。

出会い運

換気扇のフィルター・ファンはつけおき洗いでピカピカに

ゴミ袋に50℃の湯とセスキ（湯1ℓに対し大さじ3）を入れ、汚れたフィルターやファンをつけます。1時間後、浮いてきた汚れを歯ブラシでかき出し、キレイにすすぎましょう。

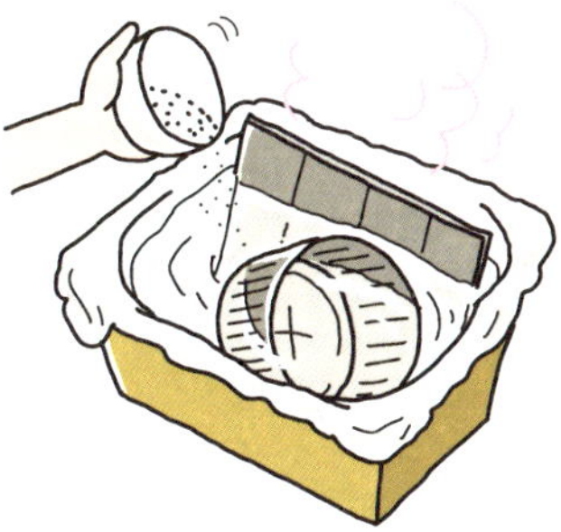

ダンボール箱にゴミ袋を入れ、その中でつけおきすると、後片付けが箱と袋を捨てるだけになり、ラクです。

グリルの網にも使えて便利！

金運　才能運

ブロックスポンジで水切りかごのぬめりを落とす

裏側が汚れがちな水切りかごは、格子状に切り込みを入れたスポンジに洗剤をつけて洗いましょう。切り込みが細かな汚れを落とし、金運や才能運がアップ。

健康運

健康運を上げる電子レンジは蒸気で簡単にお掃除を

重曹水かセスキスプレーをかけた掃除クロスをレンジで１分ほど加熱し、庫内を蒸気を満たします。その後、温めたクロスで庫内と外側を拭きましょう。

重曹
やけどしないよう
手袋をはめてね

＼らくカジ！／

庫内のニオイが気になる時は、レモンの切れ端をお皿に乗せ、レンジで30秒加熱しましょう。そのまま30分ほど放置すると、庫内のニオイが消えます。

細かいカスは
綿棒で取ってもＯＫ

金運

トースターをピカピカに掃除して金運アップ

受け皿と網を取り外し、洗剤をつけたスポンジで汚れを落とします。庫内は焦げカスを歯ブラシでかき出し、こびりついた汚れは重曹水をつけた布で落として。

アルミの受け皿に重曹を使うと、黒ずむことがあるので注意しましょう。

悪運さまの

もったいないのぅ

ゴミ箱の悪臭は、運を大きくダウン。ゴミ箱の底に重曹を入れたり、ゴミに重曹をふりかけると、消臭ができるぞ。水分を吸収し、カビ予防にも役立つのでオトクじゃ。また、コーヒーのカスや乾燥させた茶殻をゴミ箱に入れるのも、ニオイ消しに効果的。フタ付きのゴミ箱を使うのもオススメじゃ。

金運

冷蔵庫の汚れは金運ダウン 食材を整理して清潔に

調味料などのこびりつきは、重曹や重曹ペーストをつけ、濡らした雑巾でこすり落としましょう。取っ手付近の手垢は、重曹水をつけた布で拭き取って。

食べ残しや期限切れのものはすぐに捨てましょう

\ らくカジ！ /

掃除後、酢スプレーをかけて乾拭きすれば、殺菌と消臭が同時にできます。

悪運さまの

もったいないのぅ

冷蔵庫内のファンの前に、ニオイが強いもの（キムチなど）を置くと、そのニオイが他のものに移り、それぞれの食材の運を落としてしまうので注意じゃ。また、冷蔵庫内で食材を腐らせるのも、その食材と周りの食材の運を下げるので厳禁！ あと、ぎゅうぎゅうに詰め込むと運が入るスペースがなくなるぞ。庫内に入れる食材は、7～8割くらいの量にとどめるのじゃ。

金運

油汚れがついた壁や床は 重曹やセスキで拭く

台所の壁や床の油汚れは、重曹水やセスキスプレーをかけた雑巾で拭き取りましょう。調理後の熱いうちに拭き取ると、汚れがラクに落とせます。

コンロのそばにカバーをつけて汚れ防止をしても、カバー自体が汚れていれば悪運を招いてしまいます。カバーは使わず、まめに壁を掃除する方が開運にはオススメです。

トイレ

毎日使うトイレは、家の中でも汚れやすい場所。キレイに掃除すれば家族の悪運を落とし、健康運や金運を強力にアップしてくれます。余分なものは置かず、スッキリとした空間にしましょう。

片付けてスッキリ!

□トイレットペーパー

ストックがあふれていると、狭苦しいトイレになり、運がダウン。2~3ロールなど、ストックは上限を決めて買いましょう。使用後の芯をそのまま放置するのはNG!

□ひまつぶしの雑誌・新聞

厄落としをするトイレで本などを読んで長居すると、体に悪運をつけてしまいます。トイレに不要なものは置かないようにしましょう。

□空になった芳香剤

ゴミなのですぐに処分しましょう。

週に一度、塩入りの水で
水拭きすると、悪運が
リセットされるよ

金運　健康運

酢の力で床を掃除して運を強力にアップ！

酢スプレーをかけたトイレットペーパーか布で床を拭けば、汚れとともに尿のアンモニア臭も取れます。酢の力でカビや雑菌を抑える効果も！

床と便器の境目は汚れがたまりやすい場所。酢スプレーをかけて汚れをゆるめ、歯ブラシなどでかき出しましょう。頑固な汚れには重曹ペーストをぬるのも効果的。

悪運さまの
もったいないのぅ

トイレットペーパーを出しっぱなしにしていると、トイレの悪い気を吸って悪運をためてしまうぞ。トイレットペーパーは棚に置いてカフェカーテンで目隠ししたり、かごや箱に入れて布をかぶせるなど、見えないところに収納するのがオススメじゃ。棚がない場合は、つっぱり棒などで簡易な棚をつくるのもOKじゃよ。

特に腰から下の部分が
汚れやすいので念入りに

金運　健康運

黄ばみが残りやすい壁は重曹やセスキでキレイに

壁は尿が飛び散るなど、汚れやすい場所。重曹水かセスキスプレーをかけた布で、壁の汚れや黄ばみをやさしくこすり落としましょう。

＼らくカジ！／

メガネ拭きで壁を拭くと、壁紙の奥の汚れまでキレイに取れます。

水がたまっている水位線は
特にしっかりこすって

金運　健康運

便器をピカピカに磨いて金運と健康運アップ！

便器に酢スプレーをかけてブラシで隅々までこすり、流しましょう。落ちない汚れには重曹をふりかけてブラシでこすり、キレイに洗い流します。

＼らくカジ！／

トイレの使用後に酢スプレーを便器にかけると、汚れがつきにくくなり、消臭にもなります。

金運　健康運

便器の黄ばみや輪ジミは酢で湿布して落とす

バケツで水を一気に流し、便器の水位が下がったら、黄ばみに酢スプレーをかけ、トイレットペーパーで湿布しましょう。30分後にペーパーを水で流し、ブラシで汚れを落として。

酢

＼らくカジ！／

便器の黒ずみは、メラミンスポンジでこすると簡単に落ちます。

金運　健康運

便座のふち裏の汚れにも酢の湿布が効果的

トイレットペーパーに酢を含ませてふち裏に貼り付け、汚れをゆるめます。30分後にはがし、歯ブラシなどでこすって汚れを落としましょう。

悪運さまの

もったいないのぅ

便座カバーに黒などの暗い色を使うと、健康運がダウン。白やパステル系の明るい色で統一するのがオススメじゃ。また、高貴な色である紫を便座カバーや芳香剤、小物などで取り入れると、トイレの格が上がり、運が大きくアップ！ ラベンダー色でもOK。盛り塩をするのも厄落としにいいぞ。

金運　健康運

便座やフタは酢スプレーで清潔に

トイレットペーパーに酢スプレーをかけ、便座やフタを拭きましょう。使ったトイレットペーパーはそのまま流せばいいので、後片付けもラクです。

見落としがちな
便座の裏も忘れずに！

重曹
寝る前に重曹をかけ、
翌朝掃除すればＯＫ！

金運　健康運

タンクの外側と内側は重曹でキレイにお掃除

重曹 1/4 カップをタンクの水受け全体とタンク内にふりかけ、放置します。6時間後、濡らしたスポンジで水受けをこすり、トイレの水を流せば、タンクの外側も内側もキレイに。

水受けや蛇口の水垢は、トイレットペーパーをかぶせて酢スプレーをかけます。1時間～一晩ほど放置したらペーパーをはがし、濡らしたスポンジで水垢をこすり落としましょう。

お風呂

水垢やカビがたまりやすいお風呂をキレイにすると、健康運と美容運がアップ。毎日元気に過ごすことができ、美肌にもなります。また、恋人や夫婦の仲を深め、浮気を防止する効果も！

片付けてスッキリ！

□ **ボディケア用品**

シャンプーやコンディショナー、ボディソープ、トリートメント、洗顔石けんなど、用途別に買うとどんどん増えてしまいます。必要なものを見極め、使ってないものは処分を。

□ **スポンジ・ボディタオル**

肌に触れるものが汚れていると、体をキレイにするつもりが、悪運をつけてしまいます。黒ずみや傷みが出てきたら、すぐに取り替えましょう。

□ **子どものおもちゃ**

放置するとカビやぬめりの原因に。使わないものは部屋へ。

美容運　健康運

水垢がたまると容姿がくすむ セスキ掃除で美容運アップ

浴槽の水位線や底にたまりやすい水垢は、セスキスプレーをかけてスポンジの柔らかい面でこすりましょう。浴槽が温かいうちなら重曹水でもOK。

入浴後の温かいうちにすると汚れが落ちやすいよ

\らくカジ！/

入浴時に、重曹大さじ１～２を入浴剤として湯に入れると、浴槽や床に汚れがつきにくくなります。体が温まり、美肌効果も！ 入浴後に流せば、排水管の中の汚れも落としてくれます。

金運　美容運

排水口が詰まると金運ダウン 重曹と酢でスッキリ！

排水口に重曹１カップをふりかけ、レンジで１分ほど加熱した酢 1/2 カップを回し入れ、発泡させます。30分以上おき、湯で流せばキレイに。

汚れを落としてニオイ予防にも！

一晩おくとさらに効果が上がります。

悪運さまの

もったいないのぅ

排水口が詰まると金運が下がるのに加え、肌が荒れる、太りやすくなる、悪い噂を立てられるなど、イヤなことが起きるぞ。排水口の詰まりは髪やゴミが原因。入浴したらそれらを歯ブラシなどで取るようにすると、詰まりを防いで開運できるんじゃ。また、悪いことが続いていると感じたら、粗塩と日本酒を少し入れた湯につかると、悪運を落とせるぞ。

美容運　健康運

壁のカビはシワや乾燥肌のもと　過炭酸ナトリウムでキレイに

過炭酸ナトリウムと重曹を 1:1 の割合で混ぜ、ぬるま湯を足してペースト状にします。それを壁の黒カビにぬってラップし、一晩おいてこすり落とし、水で洗い流して。

カビを落とした後、セスキスプレーを壁にまめにかけるとカビ予防に！

＼らくカジ！／

最後に入浴した人が、壁や床の水気をスクイージーで取るようにすると、カビが予防できます。

壁の高いところも、これでキレイに！

美容運　健康運

天井をフロアワイパーで拭き　カビの増殖を防ぐ

カビは天井から降ってきます。消毒用エタノールをつけた雑巾をフロアワイパーにつけ、天井の隅々まで拭きましょう。仕上げに乾拭きで水分を取って。

美容運　健康運

床や壁の水垢や皮脂は　酢スプレーでお掃除

床や壁の汚れは、酢スプレーをかけて乾拭きし、水で流しましょう。頑固な汚れには酢をかけた後ラップし、1 時間ほどおいて乾拭きし、洗い流して。

床や壁が酢で変色しないか、目立たない場所で試してから使いましょう

＼らくカジ！／

入浴後、壁や床をシャワーでさっと洗うようにすると、汚れがたまりません。

※過炭酸ナトリウムは、ドラッグストアやスーパーなどで手軽に買えます

出会い運

ホコリがたまりやすい換気扇
セスキで隅々まで清潔に

本体カバーと内部のファンについたホコリを掃除機で吸い込み、セスキスプレーを軽くかけた布で汚れを落としましょう。終わったらしっかり乾拭きを。

感電しないよう、換気扇のスイッチとブレーカーを切ってから掃除しましょう

換気扇は水気厳禁なので、セスキスプレーを直接かけないように！ ファンが外せる場合は、セスキ水（→P47）につけおきし、汚れを落とします。水気を拭いてから戻して。

美容運　才能運

鏡の水垢やくもりを取って
美容運と才能運をアップ！

鏡全体に酢スプレーをかけ、ラップをします。30分～1時間放置したらラップを外し、スポンジで汚れをこすりましょう。最後にすすいで乾拭きを。

洗面所の鏡も同じ方法でキレイに

落ちない汚れは、クエン酸をつけたラップでこすりましょう。

ヘッドの目詰まりはつまようじで取ってね

美容運　健康運

シャワーヘッドは酢水に
つけおきしてピカピカに

洗面器に酢大さじ1と水を入れ、シャワーヘッドを30分ほどつけます。その後、歯ブラシで汚れをこすり落とし、すすいだら乾拭きしましょう。

洗面所

洗面所の蛇口や鏡がキレイだと、美容運と才能運が上がります。また、鏡に映るものが美容に影響するので、鏡の前は余分なものを置かず、キレイに。花を飾ると美容運がさらにアップします。

片付けてスッキリ!

□コスメやヘアケア用品

古いケア用品を放置していると美容運が落ち、早く老けます。使い切ってなくても1シーズンを目安に処分を。

□使ってない試供品やアメニティグッズ

使わないものはゴミと一緒で悪運のもとに。いらないものはすぐに捨てましょう。

□タオル

せっかくお風呂で厄落としをしても、古いタオルで体を拭くと、体に悪運をつけてしまいます。ゴワつきを感じたら、雑巾にしましょう。

お風呂や台所の蛇口も同じ方法で掃除してね

美容運　才能運

蛇口は酢でピカピカにし美容運＆才能運アップ！

蛇口全体に酢スプレーをかけ、ラップします。30 分後、スポンジでやさしくこすり、水拭きと乾拭きをしましょう。根元の汚れは、歯ブラシでかき出して。

＼らくカジ！／

手の届きづらい蛇口のすき間や裏側は、古いストッキングやタイツをひっかけて磨くとピカピカに！

美容運

洗面ボウルの水垢や汚れは重曹で磨いてキレイに

洗面ボウルの汚れには、重曹を直接ふりかけ、軽く濡らした布でこすり洗いを。軽くすすぎ、乾拭きすればピカピカに！ セスキスプレーでも OK です。

ふちや排水口周りは歯ブラシで磨いて

＼らくカジ！／

洗面台を使った後、水滴を掃除クロスで拭くようにすれば、汚れ防止に。

美容運

ホコリや髪が落ちやすい床こまめな掃除で清潔に

床のホコリや髪は、フロアワイパーでこまめに取りましょう。雑巾で水拭きしても落ちない汚れには、セスキスプレーをかけて拭き取ります。

メラミンスポンジで汚れをかき出すのも◎。床が傷まないか事前に確認を。

ママ～
今日はどこを
お掃除するの？
リビングかなー
あのねー
みゆがふくとねー
あくうんさま
いなくなるのー
んー？
とは言いつつ…どこから
手をつければいいのか…
あっ
たぬきちゃーん
こんにちは
コラッ
先日は
どうも…
立派なもの
いただいちゃって
いえいえ～
たぬきで
いいですよ！♡
こちらには就職で？
はい♡
来月からこの近くの
お店に勤務で…
よかったらうちで
お茶でもいかがですか？
1人暮らしで
このマンションに？
セレブなの？
おじゃま
しまーす

おぉーー!!
すごい!! キレーイ
まぶしーー
掃除が趣味みたいなもので…
お茶いれてきますね
うちと同じ部屋とは思えない…
あっ
ママ見て!
ダヌキンがいっぱい!!
ぎっしり
えぇーっ
あ、バレちゃいました?
バレるっていうか…
コレクター?
実は私…
ダヌキン社の一人娘なんです
えっ
あの超有名なお掃除メーカーの!?
ダヌキン♪

系列店でパイ屋もやってまして…
まずその店で働くんです
だからこんなに掃除が…
ずいっ
はっ!!
たぬきちゃん! 私に力を貸して!!
え?
おじゃましまーす
どうぞどうぞ
401
加地
うっ
ごっちゃ〜
こ、これは…
一体どこから手をつければいいのか…
さすがプロ
まずはものを捨てることから始めましょう!!
キリッ
たぬき本気っ!!
ものを捨てるルールはこれです!!
ダヌキン秘伝
もの捨てルール
❶ 収納できる量までに減らす
❷「いつか使うかも」はやめる
❸ 迷ったら保留箱に入れ、捨てる作業を止めない
ほぉ〜〜
さぁ! ちゃっちゃとやりますよ!!
はいっ

数時間後
ひょっこり
ほほー
だいぶキレイになったのぅ
つ、つかれた…
めちゃがんばった…
リビングは家族がくつろぐ場所
ここがキレイになると家庭運が上がるぞ
窓を磨くと才能運アップじゃ
まぁ、これは…
流行りのおもちゃですか？
え？
キレイにしてあげましょー♡
やっ やめろ
ふきふき
お嬢さまなのね…

Cleaning

ものを捨てて開運！

いらないものを捨てて運が上がりやすい部屋に

運を上げるには、ものが整頓されたキレイな空間が必要。そのため、不要品はすぐ捨てるようにしましょう。

とはいっても、ものを捨てるのが苦手という人も多いはず。そういう人は、左ページのステップに沿って、捨てることに慣れていきましょう。

必要なものだけになった部屋は、スッキリして掃除もしやすくなり、運が上がります。また、ものを大切に扱えば、ものから運がたくさんもらえるようになり、ますます幸運体質に！

買い物ルールをつくりものをあふれさせない

買い物で、次のことを意識しましょう。

● 買う前に自分に質問する

↓「本当に必要？」「いつ使う？」「似たようなものを持ってない？」と問いかけ、買うべきかを判断しましょう。

● 1つ買ったら、1つ捨てる

↓ものの量をキープできます。また、何かを捨ててまでほしいかを考えることで、ムダづかい防止にも！

これでものがあふれることが減り、運のいい部屋をキープできます。

ものを捨てる3ステップ

どの場所でも使える捨て方です。台所の引き出しや食器棚、衣装ケース１つなど、小さなスペースからトライし、捨て体質をつくりましょう。

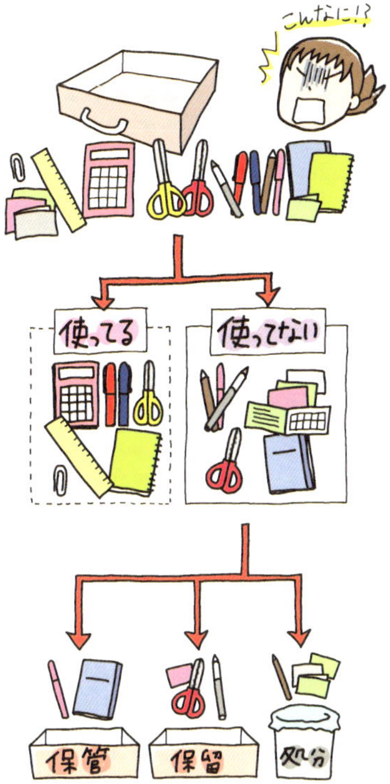

❶ものを全部出す

収納スペースに入っているものを全て出します。

❷使っているもの・使っていないものに分ける

「いる・いらない」ではなく「今、使っているかどうか」で考えると、迷わず分類できます。

❸使っていないものを３つに分ける

「保管」「保留」「処分」の３つに分けましょう。

- 保管…思い出の品など、使っていないけどとっておきたいものは、種類別に箱などに入れ、押し入れにしまいましょう。
- 保留…保管か処分かで迷うものは、保留箱へ。１ヵ月・半年など、保留期間を区切り、保管か処分かを再度検討しましょう。
- 処分…今後も使わないもの、重複して持っているものはすぐ捨てて。

運が上がる捨て方

使わないものや壊れたものをそのまま放置していると、悪運をためてしまいます。運が上がる捨て方で、不要品と悪運にさよならしましょう。

塩や日本酒で浄化する

ひとつまみの塩や数滴の日本酒をふってから捨てると、ものに宿った悪運を落とすことができます。塩は天然のものがオススメです。

ものとの思い出に感謝して捨てましょう

キレイにし、感謝して捨てる

ゴミだからといって雑に捨てるのはNG。洗う・拭くなど、キレイにしてから感謝を込めて捨てると、新しいものとの縁が得られます。

ものは、太陽が出ている明るい時間に捨てると、悪運をリセットできます。

アイテム別・ものの捨て方

ものに合わせた捨て方で、いい運を招きましょう。捨てるのがもったいないものは、人にあげたり、リサイクルショップに売るのもOKです。

[服・下着]

キレイに洗ってから捨てると、新しい縁に恵まれます。

[靴]

全体を拭くのはもちろん、特に靴底を丁寧に拭いてから捨てると、新しい靴が舞い込んできます。

[コスメ]

パレットなど、中身をキレイに洗ってから捨てないと、新しく買ったもののパワーが半減するので注意。

[アクセサリー]

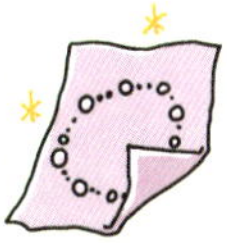

キレイに磨き、紫の布に包んで捨てると、厄落としができます。

[鏡]

欠けた鏡は太る原因になります。塩水でしぼった雑巾でキレイに拭き、白い布に包んで捨てましょう。

[植物]

枯れたものを放置していると、家の将来が先細ります。厄を背負ってくれたと感謝して捨てましょう。

[筆記用具]

とがった筆記用具をそのまま捨てると、縁や運を切ってしまいます。キレイに磨き、布に包んで捨てて。

[家電]

壊れたものを放置していると、他の家電も故障したりします。塩をふり、専門業者に処分の依頼を。

リビング

リビングは南の太陽の光が入りやすく、才能開花につながる場所。家族が長く過ごす場所なので、居心地のいい空間にすると家庭運もアップ！ 人やものの出入りが多いので、こまめに掃除しましょう。

片付けてスッキリ！

□ **雑誌や本、書類**

情報収集のために買ったものは、半年くらいで処分を。旬を過ぎ、もう読まないものは悪運をためるので、すぐ捨てて。

□ **DVDやCD**

半年以上使ってないものは、処分するか別の場所で保管を。

□ **手紙やDM**

返事を出したら処分し、大切に保管したいものだけを残しましょう。

□ **家族の個人的なもの**

リビングに置いておく必要がないものは、個人の部屋へ。

目立つ汚れには重曹水やセスキスプレーをかけて拭いてね

美容運　家庭運

床のホコリは老化を招く 酢の力でピカピカに

フローリングは目に沿って掃除機やフロアワイパーをかけ、ホコリを取りましょう。酢スプレーをかけた布をフロアワイパーにつけて磨くとキレイに！

※酢は無垢材の床には使えないので注意

＼らくカジ！／

朝一番に床にフロアワイパーをかけると、夜のうちに落ちたホコリが一気に取れます。掃除機だとホコリが舞い上がるので、フロアワイパーの方が◎。掃除機をかける回数を減らせます。

美容運　家庭運

カーペットの汚れやシミは 重曹＆セスキでキレイに

カーペットは重曹をまいてから掃除機をかけると、汚れもニオイもスッキリ！食べこぼしのシミにはセスキスプレーをかけ、乾いた布をあてて吸い取って。

セスキはブラシでなじませると◎

布の代わりに超吸水性スポンジをあてると、シミ汚れが一気に取れます。

長い定規を使うと奥までキレイに！

美容運　家庭運

家具のすき間のホコリは フリースで取り除く

家具や家電のホコリも、老化の原因に。古いフリースを切って定規などに巻き、家具のすき間に差し込めば、静電気でホコリが簡単に取れます。

美容運　出会い運

パソコンやテレビのコードはキレイにまとめて

コードがからむと縁がジャマされるので、コードリールなどでまとめましょう。軍手をはめた手でコードをなでると、ホコリがキレイに取れます。

悪運さまの もったいないのぅ

テーブルは出世運や才能運を左右する大事な場所。酢スプレーをかけた布で隅々まで拭いてキレイに！　夫婦２人の生活なら小さい丸テーブル、子どもがいる家庭なら大きめのテーブルが家族の絆を深めるぞ。お金持ちになりたいなら木の一枚板のテーブルがオススメ。また、仏壇や神棚、神社のお札などは台や棚の上に乗せ、失礼のないように扱うのが大事じゃ。

フィルターのひどい汚れは住宅用洗剤で洗いましょう

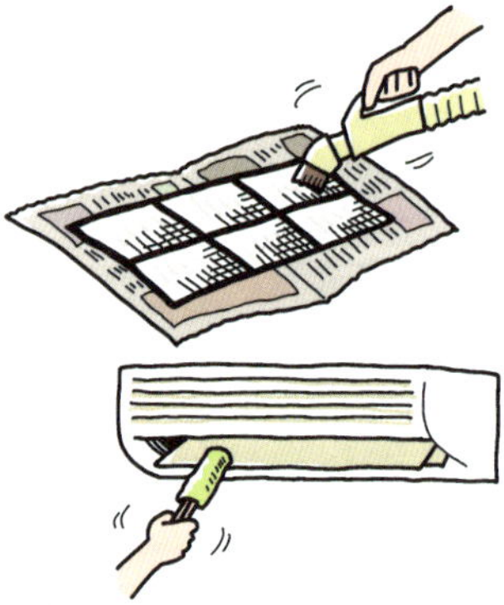

美容運　対人運

エアコンをキレイにすると人間関係が良くなる

フィルターは外して新聞紙の上に乗せ、掃除機でホコリを吸いましょう。吹き出し口の汚れはカビにつながるので、セスキスプレーをかけた布で拭いて。

＼らくカジ！／

セスキスプレーをかけた布を割り箸に巻いて使うと、吹き出し口の狭いすき間までキレイに！

汚れのひどい外側から
内側の順に磨いてね

家庭運 才能運

窓を磨くと才能運アップ！ 掃除クロスでピカピカに

窓はブラシやハケでホコリを落とし、濡らした掃除クロスでコの字形に上から下へ拭きましょう。最後に乾いたクロスかスクイージーで水分をしっかり取って。

らくカジ！

窓のサッシの黒カビは、塩素系漂白剤と片栗粉を大さじ１ずつ混ぜてペースト状にしたものをぬり、10分後に雑巾で拭くとキレイに落ちます。手荒れしないよう、ゴム手袋着用で行って。

悪運さまの

もったいないのぅ

ソファやイスの座り心地を良くすると、座る人の格が上がって出世運がアップ。キレイに掃除するのはもちろん、クッションを置いて座り心地を良くするのもオススメじゃ。ニオイが気になる時は重曹をまき、２時間後に掃除機で吸えばニオイもホコリも取れるぞ。カバーが外せるものは、半年に一度くらい洗濯機で洗うかクリーニングでキレイにすると良いぞ。

洋服ブラシで網戸をこすっても
キレイになります

全体運 家庭運

網戸の詰まりを取ると 運の流れがスムーズに

ナイロンのボディタオルにセスキスプレーをかけて網戸を拭くと、網目の汚れがキレイに取れます。最後に乾拭きすれば、風も運もよく通るように。

子ども部屋

子どもが元気に育つには日当たりと風通しの良さが重要なので、光が多く入る南や南東の部屋を子ども部屋にするのがオススメ。掃除や片付けをしてキレイな空間にすると、成績も上がります。

片付けてスッキリ！

□おもちゃ

使わないものを置いておくと、子どもの運を下げてしまいます。捨てる時は感謝し、「子どもの厄も落としてください」とお願いするのがオススメ。

□服

汚れやほつれがあるもの、子どもの成長に合わなくなったものは早めに処分を。

□子どもの作品

写真を撮って、作品箱にしまいましょう。箱がいっぱいになったら、とっておくか捨てるかを判断し、箱からあふれないようにしましょう。

全体運　勉強運

散らかったおもちゃは勉強運を下げる

おもちゃが散らかった部屋では、運も成績も下がります。レジャーシートを敷き、その上で遊ぶようにすれば、おもちゃが散らばるのを防げます。

シートの上は散らかしてもOKとすれば、子どもも思い切り遊べます

＼らくカジ！／

遊んだ後、シートの四隅をつまんで上げれば、おもちゃが１ヵ所に集まって片付けもラクに。

全体運

ぬいぐるみの汚れやニオイ、悪運落としは重曹で

ぬいぐるみが汚れると、全体運がダウン。大きなビニール袋に入れ、重曹をかけて袋ごとふりましょう。数時間後に取り出し、重曹をはらえばキレイに。

軽くもむとよりキレイに

洗えるものは、月に一度くらいを目安に洗いましょう。

悪運さまの

もったいないのぅ

おもちゃには、成長運や発展運のパワーが宿っておる。遊び終わったおもちゃは、軽く拭いて汚れを落とし、南東にしまうと、成長運や発展運が上がって子どもが元気に育つぞ。子ども自身に片付けさせると、その効果は倍増じゃ！
また、子どもの勉強運を上げるには、机の両側を植物ではさむのがオススメ。机の前に目標などを貼るのは勉強運が下がるので注意！

寝室

体にたまった悪運は、睡眠とともに出ていきます。寝室がキレイで心地いい空間だと、悪運を落として良い運を取り込むのがスムーズに。寝室を整えて運の代謝を良くし、開運体質になりましょう。

片付けてスッキリ!

□枕元のもの

1日の運は、起きた時に最初に目に入った光景に左右されます。読みかけの本やアロマグッズ、リラックスグッズなどが散乱していたら、1日の運が下がることに。寝る前にキレイに片付けましょう。

□快眠に不要なもの

寝室が、普段あまり使わない家電や、収納しきれない季節のものなどが置かれて窮屈な空間になっていると、悪運のリセットが妨げられます。寝室に不要なものは片付け、物置などに移動させましょう。

重曹と一緒にホコリやダニも吸い込んで

全体運　運の補充

ベッドの汚れは全体運ダウン重曹で汚れを取って清潔に

髪やホコリ、湿気がたまりやすいマットレスは、重曹を全体にかけて30分おき、掃除機で吸い込みます。その後、壁に立てかけ、風を通しましょう。

＼らくカジ！／

マットレスの表裏・上下を月に一度変えると、汚れや湿気がたまりにくくなります。

悪運さまの

もったいないのぅ

寝室は、温度や湿度を調節して居心地のいい空間にすると、運のチャージがしやすくなるぞ。寝る前にクラシック音楽やリラックス系の音楽を流しておくのも、寝室の気が落ち着き、快眠と運の補充がしやすくなるのでオススメじゃ。また、フローラル系の香りを漂わせたり、花を飾ると恋愛運や出会い運がアップするぞ。

1日にたまった悪運はベッドの下に落ちるぞ

全体運　運の補充

ベッド下の汚れは悪運のもとこまめに掃除を

ベッドの下にホコリや不要品がたまっていると、睡眠で落とした悪運を再び吸収してしまいます。不要品は片付け、掃除機をかけてキレイにしましょう。

押し入れ・クローゼット

収納スペースは、ものと一緒に運をためる場所。掃除してキレイにすると、全体運が上がります。ぎゅうぎゅうに詰め込むといい運が入らなくなるので、ものの量は７〜８割程度にしましょう。

片付けてスッキリ！

□服

1年以上着ていないものは捨てましょう。また、カジュアル服の寿命は3年くらいです。

□下着

ゴムの伸びやレースのほつれ、くたびれてきた感じが出てきたら処分を。体に合わなくなってきたものも捨てて。

□家電の箱

場所をとる割に意味をなさないので、すぐに捨てましょう。

□もらいもの

趣味に合わない、使わないものは、処分するか人にあげて。

全体運　運の補充

年に２回は拭き掃除をし 悪運をしっかり落とそう

ものを全て出し、天井や壁のホコリをハタキで落として、床に掃除機をかけましょう。固くしぼった雑巾で全体を水拭きしたら、仕上げに乾拭きを。

カビを見つけたら、消毒用エタノールをつけた雑巾で拭きましょう

＼らくカジ！／

掃除後、エタノールを全体にかけてしっかり乾拭きすれば、カビと悪臭予防ができます。

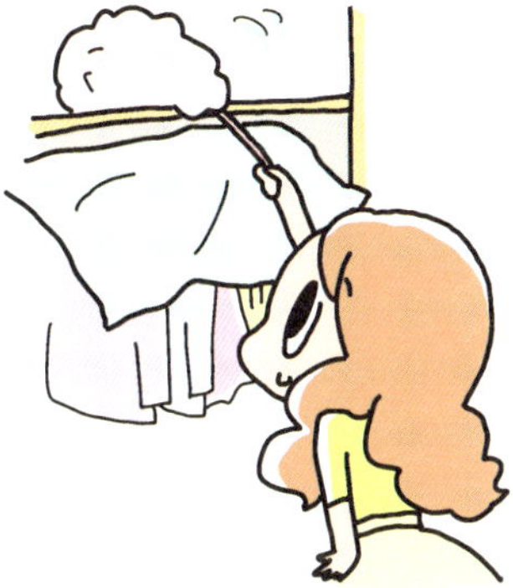

服をかけたまま掃除する時はホコリがかからないよう、シートをかけて

全体運　運の補充

クローゼットの上の棚はハンディーモップでお掃除

手が届かない枕棚は、ハンディーモップでホコリを取りましょう。隅にホコリがたまりやすいので、奥まで丁寧に。

全体運　運の補充

定期的に換気して 湿気と悪運を外に出す

収納スペースをしめっぱなしにしていると、湿気と悪運がこもります。月に１～２回、戸を開けて換気しましょう。重曹や炭を入れて除湿するのも◎。

押し入れは左右の戸を 20cm ほど開け、扇風機をかけると風がよく通ります

ベランダ

外につながるベランダは、玄関と同じく「運の入り口」。キレイにすると運の循環が良くなり、いいことが起こりやすくなります。外気で汚れやすい場所なので、まめに掃除しましょう。

片付けてスッキリ！

□ 植物

枯れた植物を放置していると悪運のもとになるので、すぐ捨てましょう。落ち葉もたまらないよう、まめに掃除を。

季節の植物を育てるといいチャンスがつかめます！

□ 不要品

使ってないものを置くなど、ベランダを物置のように使うと、いい運が入ってくるのを妨げます。掃除のジャマにもなるので、不要品は処分を。

金運　美容運

排水口の詰まりは肌荒れに ゴミをまめに取って

排水口にたまった落ち葉や泥・砂などのゴミは、ブラシや歯ブラシでかき出しましょう。その後、割り箸でつまんで新聞紙などに乗せ、捨てます。

ゴミ取り後、床掃除をして水を流し、最後に排水口をブラシでこすると◎。

全体運　才能運

意外と汚れる物干し竿は 酢スプレーでスッキリ！

物干し竿をキレイにすると、いい運が入ってきます。酢スプレーをかけた雑巾で、隅々まで拭きましょう。ピカピカになれば才能運もアップ！

全体運

月に１～２回の床掃除で 運気を上げる

室外機などのホコリを落とし、ほうきで床を掃いてゴミをまとめましょう。その後、床に軽く水を流し、排水口に向かってデッキブラシでこすればキレイに。

塩入りの水を使えば悪運を強力に落とせます

マンションなど、ベランダに水が流せない場合は、濡らしたスポンジで床を拭き、汚れを落としましょう。濡らした新聞紙を床にちぎってまき、ほうきで掃くのもOKです。

Cleaning

運が上がる収納術

ものを使いやすい場所にしまい配置や色で運気アップ

いらないものを捨て、部屋をキレイに掃除したら、収納を見直しましょう。収納の基本は「ものを使いやすい場所にしまうこと」。適材適所にものを置けば、家事の効率が上がって運気アップ。不要なもので部屋を散らかし、運を下げることもなくなります。ものが整理されて、ストレスが減る効果も。

また、ものを置く場所や収納グッズの色を変えるだけでも、運はどんどん良くなります。左ページを参考に、楽しんで収納をしましょう。

ものを丁寧に扱うと、ものが家や家族を守ってくれます。さらにいいものが手に入るなど、ラッキーなことも。ものを整理し、丁寧に扱う収納を心がけましょう。

季節に合わせた模様替えでチャンスに強くなる

収納グッズやインテリアで季節感を取り入れると、チャンスや幸運に恵まれるようになります。夏なら爽やかなかご収納にしたり、冬なら温かみのあるフェルト素材のものを使うなど、季節に合わせて収納を変えると、開運に大きなプラスに。収納グッズ全てではなく、一部を変えるだけでもＯＫ。季節に合わせた収納を楽しみましょう。

運が良くなる収納術

ものを置く場所やものの色、収納グッズの色を活用し、開運しましょう。
いい運が入るよう、ぎゅうぎゅうに詰め込まないことも大事です。

上段と下段で置くものを変える

服や小物、本などは、上の段に「明るい」「軽い」もの、下の段に「暗い」「重い」ものを置くようにすると、運が良くなります。

服は同じ素材のもの、本は同じ高さのものでそろえて収納するのもオススメ。
運気が整い、いいことに恵まれます。ものが整頓され、見た目もキレイに！

方位に合わせてものを置く

東に赤、西に黄色のものを置くなど、方位の開運カラー（→ P85）に合わせてものの収納場所を決めると、その方位の運がアップ！

ほしい運の色を活用

仕事運には青、金運には黄色、健康運には緑など、ほしい運を上げる色（→ P155）を収納グッズで取り入れるのもオススメ。

ストレスフリーな収納術①

ものを探すのに労力や時間がとられると、家事の効率が下がり、イライラが運も下げます。ストレスを減らす収納ワザを身につけましょう。

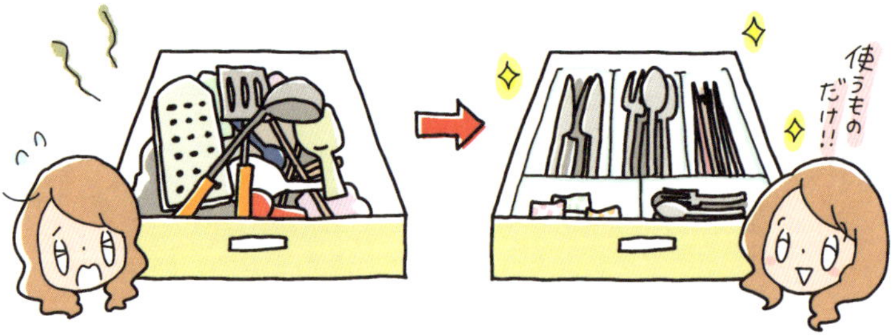

「よく使うもの」と「あまり使わないもの」を混ぜない

同じ収納スペースに使用頻度が違うものが混ざっていると、取り出す時に手間がかかります。よく使うものとあまり使わないものは分けて収納を。

調理中に使うキッチンツールはコンロのそばに

食品は、箱に期限を大きく書いておくと◎

一緒に使うものをそばに

まな板と包丁、洗剤とスポンジなど、使うタイミングが同じものを近くに置くと、取り出す時にムダな動きが減ります。

期限が近いものを手前に

期限がある食品や書類は、期限が近いものが手前にくるように並べましょう。使い忘れや、期限切れのゴミで運を落とすのを防ぎます。

ストレスフリーな収納術②

「どこに何があるか」がすぐにわかるのが、収納の大事なポイント。一目でものの場所がわかる収納法を活用し、家事をラクにしましょう。

ものは立てて収納する

ものを重ねて収納すると取り出しにくく、何があるか一目でわかりません。ものは立てて収納し、把握と取り出しを簡単にしましょう。

収納スペースの8割までに

1つの収納スペースに対し、入れるものの量は8割までにしましょう。整理しやすく、ものを取り出すのもスムーズになります。

書類は3つに分けて管理

たまりやすい紙は3つに分けて管理し、不要になったらすぐ捨てましょう。

重要書類

家の契約書や証券、年金手帳など、保管が必要だけど普段は見ないものは、ファイルにまとめて。

定期的に更新する書類

保険の契約書などもファイルにまとめ、新しいものが来たら入れ替えましょう。

日常的なもの

振込用紙やDM、学校のプリントなど、日常的なものは期限ごとに並べ、処理しましょう。

部屋の方位で開運

運は方位によっても変わります。例えば台所は金運を上げますが、それが北にあると男女の縁にも関わるのです。方位の運と開運法を知りましょう。

方位の調べ方

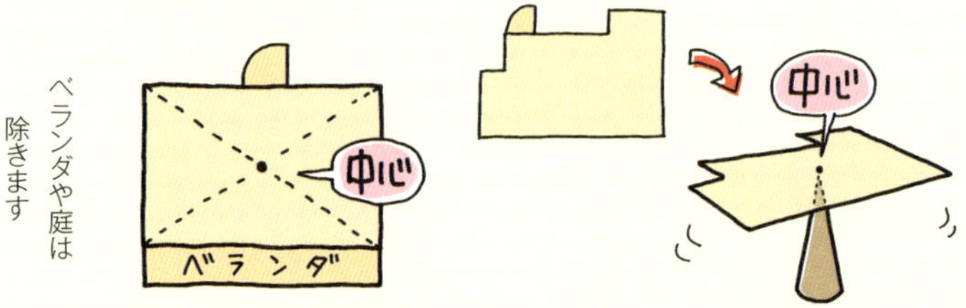

❶家の四隅を対角線で結び、交わる点を探します。それが「家の中心」です。

凹凸のある間取りは、裏に針を刺してバランスが取れる場所が「中心」です。

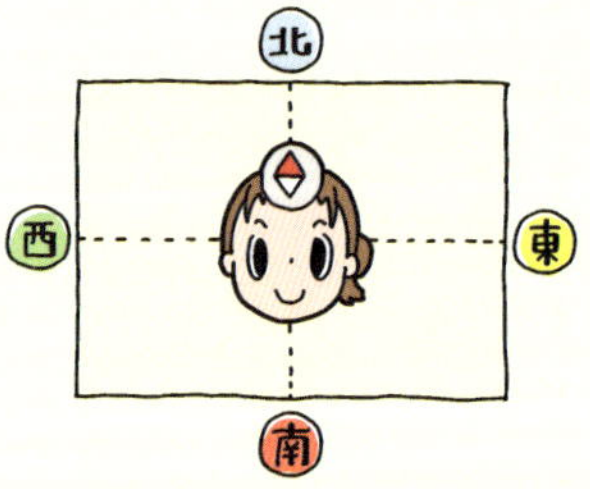

❷家の中心に立ち、スマホや方位磁石で東西・南北の線を調べます。

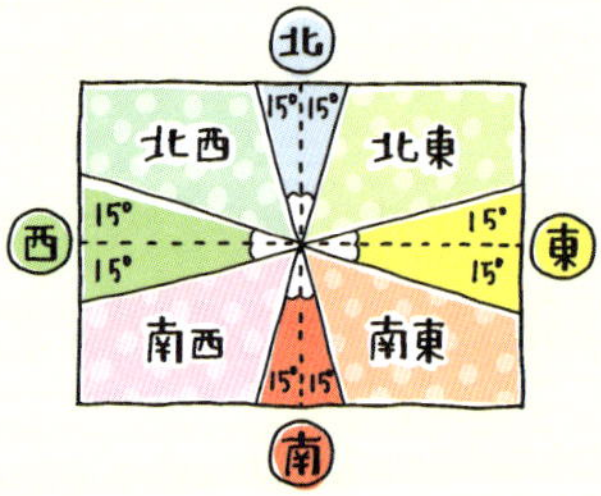

❸東西・南北の線から左右に15°ずつ広げた空間が、北・南・東・西になり、その間が北東・南東・北西・南西です。

方位ごとの開運法で、ほしい運をアップ！

方位にはテーマになる運と、その運を上げる色・数字があります。例えば「仕事運を上げたい」なら、東の部屋を掃除し、赤いものを飾る（3個か8個だとベスト）と仕事運がアップ。自分のほしい運の方位を活用しましょう。

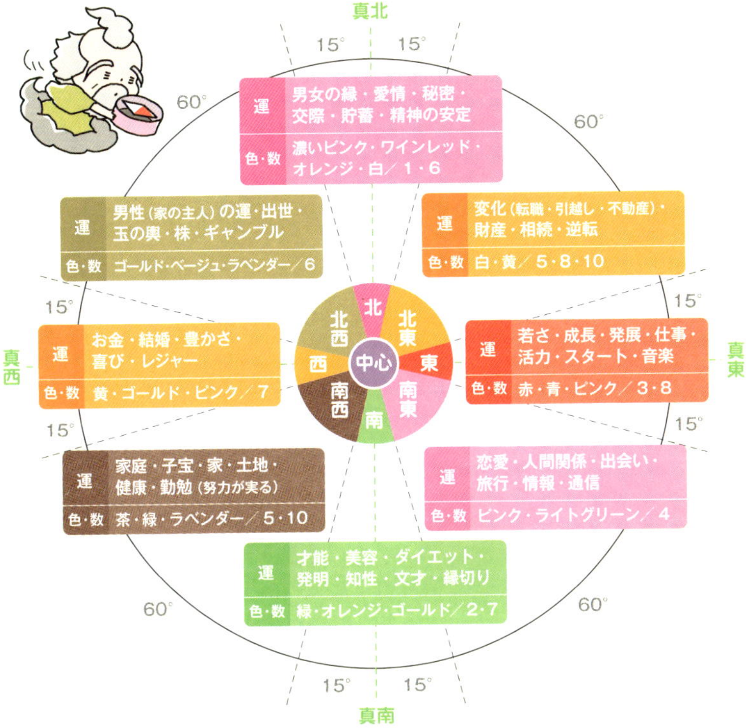

中心は全体運や願望実現を司り、開運カラーはラベンダーやゴールドです。

願いが叶う方位パワー

「こんな夢を叶えたい！」という時には、方位の力を活用しましょう。

[子どもの成績アップ]

・子どもの机を北向きにする
（語学は東向き、数学は南向きも◎）

[プレゼンやテストで成功]

・南に観葉植物を置く
・机を南向きにして勉強する

[言うことを聞かない子どもをなんとかしたい]

・東を掃除し、風通しを良くする

[夫婦仲を良くしたい]

・南西をキレイにする
・南西に黄・白・赤のものを置く

[ママ友と仲良くしたい]

・南東をキレイにする
・南東にピンクや白の花を飾る

[姑と仲良くしたい]

・北西を掃除する
・北西に家族の写真を飾る

[いい仕事先を見つけたい]

・南東と北西に青い小物を置く
・南東に携帯電話を置く
・家か部屋の中心に就職情報誌を置く

[素敵なマイホームがほしい]

・北東に本棚を置く
・北東に白×黄×四角のものを置く
（白地に黄のチェックの布など）

第3章
運が良くなる料理

なんかずいぶん
キレイになったなー
ふふふ
毎日
あなたのために
頑張ってるのよ
そうなんだ～
はい
コーヒー
仕事
がんばっちゃおう
かなー
あなたの金運が
上がりますようにってね！
金色のドアノブを
磨くと出世運アップ
パパのお給料
あがれ
あがれ～
これもたぬきちゃんの
おかげだわ～
スイー
ホホホ
しかしあの娘にも
悪運のニオイが
するのぅ
へえー？ あんなに
キレイにしてるの…
キャーッ
にっ!?
モクモクモクモク

たぬきちゃんどうしたの!?
火事!?
バターン!!
パ、パンを焼こうとして…
あついですわっ
なぜそうなる――!?
消火
助かりましたわ…
パン、焼いたことなかったの?
いや~
私の家ではパンがなければパイをって…
アントワネットかっ!!
でも、今ので食材がなくなってしまいましたわ…
カラッ
おとりよせ
高級
じゃあいっしょに買いにいこー
まぁ♡
近くのスーパー教えるよ

わぁ!!
O×スーパー
スーパーって色んなものが売ってるんですね！
はぁ…
まぁ、料理が苦手ならレトルトが便利かも…
カレー
もったいないのぅ〜
レトルト★カレー
ぬっ
わ!!
こんなとこまで…
悪運あるとこワシありじゃ
ホーホォ
それより、せっかくの開運のチャンスを逃しておるぞ
まぁ
何ですの？
料理は手作りのものに一番のパワーが宿っておる
簡単でいいから旬の食材でつくったごはんを食べると開運体質になれるぞ
春なら新じゃがとかな
へぇ〜
メモメモ
ママもごはんつくって〜
うっ
最近レトルトばっかり

※ダスキンは調理器具も販売しています

運が良くなる

料理

おいしい食事で健康と運をチャージ

料理は、毎日の開運につながる大切な家事。食材の味や色、香りの全てが体に吸収され、栄養と運になって私たちの暮らしを支えてくれるのです。「食べられればなんでもいい」と雑な食事をするのではなく、簡単でもいいので自分で食事をつくって食べ、運と元気をチャージしましょう。楽しく調理し、おいしく食べると、いいことがたくさん起こるようになります。

運が良くなる料理 3 つのルール

1 新鮮な食材をおいしく食べる

新鮮な食材を丁寧に調理すると、食材の運がたくさん取れます。
旬のものを食べると、チャンスやタイミングに強い体質に！

2 調理道具もキレイに

調理道具やお皿、後片付けグッズなど、料理に関わる道具をお手入れして使うと、食材の開運パワーが上がります。

3 お皿や盛り付けで運気アップ

お皿の選び方や盛り付け方でも、運は変わります。料理のおいしさと運が引き立つよう、工夫しましょう。

料理は食材の色や味付けなど
開運ポイントがいっぱい！
使いやすい調理道具で
楽しく料理し、運を上げよう

調理道具のお手入れ

調理道具を丁寧に扱うと金運が上がり、お金まわりが良くなります。台所に長くいる人の運を上げ、幸運体質にする効果も！ 毎日の調理で汚れや焦げがついたら、すぐにケアしましょう。

金運

鍋の焦げは金運ダウン 重曹で取り除いて

鍋に水１ℓ：重曹大さじ１の比率で入れ、沸騰させます。10分煮立てたら湯を捨て、熱いうちにスポンジで磨いて焦げを落としましょう。

水
重曹
軽い焦げなら重曹をかけて布でこすってもＯＫ

アルミ鍋には重曹が使えないので、焦げた部分まで水を入れて沸騰させ、湯を捨てて熱いうちにスポンジでこすりましょう。また、米のとぎ汁をひと煮立ちさせると、黒ずみ防止に。

テフロン加工に金属のへらを使うと傷がつくので気をつけて

金運

金運につながるフライパンは加工に合わせた焦げ落としを

テフロン加工のものは、塩小さじ１をふって弱火に15秒かけます。15分おいたら、シリコンのへらで焦げを取りましょう。鉄製のものは10分空だきし、冷水につけて木べらで焦げをこすって。

フライパンや鍋は、器と同じく「食べ物を直接のせるもの」。調理を通じて食材の運を上げるのをサポートしてくれます。高級なものを丁寧に使うと、金運や仕事運がグンとアップ！

悪運さまの

もったいないのぅ

道具は使うことで活躍し、運を上げてくれるもの。高級だからといってしまい込むのではなく、お手入れしながら毎日使う方が、運気アップにつながるぞ。また、金属製の調理道具を出しっぱなしにするのはNG。お手入れが終わったら暗い場所にしまうようにすると、金運が上がるぞ。

才能運アップには、ポットよりやかんの湯を使う方が◎

家庭運　才能運

やかんを手入れすると才能が開花し、一芸に秀でる

やかんの外側の汚れには、重曹ペーストをぬってラップし、１時間後にスポンジで磨きましょう。頑固な汚れには、重曹石けんペーストをぬると◎。

やかんを大事にすると、１つの道を極めたスペシャリストになれます。

円を描くように磨いて

金運

包丁の黒ずみを落として金運アップ

刃が黒ずんできたら、水で濡らしてクリームクレンザーをつけ、大根のへたやコルク栓でこするとキレイに。刃と柄の境目は歯ブラシでこすりましょう。

悪運さまの
もったいないのぅ

包丁は食材を切る大事な道具。安物で切れ味の悪いものや、刃がこぼれているものを使うと、食材の味も運も落としてしまうぞ。包丁は高くてもいいものを１本買い、きちんと手入れしながら使うのがオススメじゃ。柄が傷んだら、すぐ付け替えるのも忘れずに。

＼らくカジ！／

サビがついたら重曹をふりかけ、軽く濡らして丸めた新聞紙で柄から刃に向けて磨きましょう。

仕上げに熱湯を流せば
消毒とニオイ消しができるよ

貯蓄運

貯蓄運を上げるまな板は重曹＆酢でお掃除

まな板は、細かくついた傷に汚れやニオイが残ります。掃除する時は全体に重曹をふりかけ、酢スプレーをかけて発泡させ、傷の間の汚れを浮かせましょう。

木のまな板は自然素材で開運パワーが強いのですが、傷やカビなどがつきやすいのが難点。清潔さをキープするのが難しいなら、プラスチックのまな板をキレイに使う方が◎。

美容運

ざるの詰まりは肌荒れを招く 歯ブラシでキレイに

ざるの細かい網目に詰まった汚れは、スポンジでは取れません。裏側から流水をあて、歯ブラシやタワシでこすって取りましょう。

表より裏からこする方が汚れがよく取れるよ

食材が詰まりにくい網目のざるを使うのもオススメ。ざるの網目はメッシュという単位で商品タグに記載されており、野菜が詰まりにくいのは16メッシュと言われています。

悪運さまの

もったいないのぅ

菜箸やざるの開運ポイントは、高級さより清潔さ。安いものでいいので、まめに替えて清潔さをキープすると運が良くなるぞ。色は、台所が東にあるなら赤にするなど、台所のある方位の色（→P85）にして、その方位の運を高めると効果的。もちろん、ほしい運の色（→P155）で選ぶのもオススメじゃ。

金運　才能運

ステンレスのおろし金のカスやニオイは金運を下げる

おろし金は食材のカスがたまりやすく、ニオイや変色のもとに。使ったらすぐ水につけ、タワシや歯ブラシでカスを取り除きましょう。

プラスチックの場合は色（→P155）によって運が変わります

らくカジ！

しょうがやニンニクをおろした後、大根のへたをおろすとニオイが取れます。

食材の開運パワー

食材によって、上がる運は変わります。ほしい運の食材をメインのおかずにしたり、複数の運の食材を組み合わせ、おいしく開運しましょう。

肉

[牛肉]

金運（貯蓄を増やす）

[豚肉]

金運（コツコツ努力する力をもたらし、収入アップ）

[鶏肉]

金運（すぐにお金が入ってくる）

魚

[赤身魚]

マグロ、カツオ、サバ、イワシ、サンマなど

仕事運・出世運

[白身魚]

タイ、サケ、ヒラメ、タラ、アナゴなど

恋愛運・結婚運

[魚卵]

イクラ、たらこ、数の子など

財運（財産や不動産、子宝などに効く）

野菜

[葉物]
キャベツ、レタス、ほうれん草、小松菜など
美容運

[果実類]
キュウリ、ナス、ピーマン、トマト、
かぼちゃ、ゴーヤ、オクラなど
才能運

[根菜類]
れんこん、大根、ニンジン、ごぼう、
じゃがいも、さつまいもなど
家庭運

[きのこ類]
しいたけ、えのき、エリンギなど
家庭運

豆類

[豆]
健康運・家庭運

[豆腐]
恋愛運

その他

[卵]
金運（すぐにお金が入ってくる）

[果物]
金運・仕事運

塩やみそ、しょうゆ、酢などの調味料は、無添加で自然素材のものを使うと運が上がります。生産者の顔が見えるものだと、さらに開運効果がアップ。

主食とだしで開運

米やパンなどの主食は、おかずの持つ運を倍増させる力があります。だしは運を強力にサポート。主食とだしの力で、元気と運を上げましょう。

米は全体運を強力にアップ

粘り気のある米は、全体運や金運、仕事運を上げ、根気を育ててくれます。米の白には物事を育む力があり、一緒に食べる人の仲も深めます。

炊飯器や米びつをいいものにすると、さらに開運します

パンは色で運が変わる

食パンを黄金色に焼くと金運アップ

食パンなどのプレーンなパンは、米と同じように全体運をアップ。甘い菓子パンは金運を上げ、茶色い全粒粉パンは家庭運を高めます。

サンドイッチは、はさむ具によって上がる運が変わります。ジャムなどの甘いもの、卵やハムは金運、レタスは美容運、トマトは才能運がアップ。

麺類はご縁をつなぐ

パスタやそば、うどん、そうめんなどの麺類は、恋愛運や対人運をサポート。金運を上げる卵や鶏肉と一緒に食べれば玉の輿運もアップ。

だしは強力なサポーター

だしは、仕事やプライベートで目に見えないサポートをもたらします。1つの仕事を継続させたい時は、だしをたくさん取りましょう。

[かつおだし]

①水3カップにかつお節20gを入れ、火にかける。
②ひと煮立ちしたら火を止め、アクを取る。
③ボウルにざるとキッチンペーパーをのせ、②をこす。

[昆布だし]

①昆布15gの表面を濡れぶきんで軽く拭き、水3カップに入れて30分以上浸す。
②中火にかけ、細かい泡が立ってきたら昆布を取り出す（煮立たせるとぬめりが出るので注意）。

仕事などに行き詰まった時は、丁寧にだしを取ったり、煮込み料理をすると◎。時間をかけて料理すると、自分の秘められた才能や気持ちに気づけます。

パスタってこんな風に売ってるんですね
ハハ…
PASTA
○×スーパー
私、生パスタしか知らなくて…
プップー
PASTA
あっ あぶな…
ピューーン
……
大丈夫でしたか？
ドキーン
あらイケメン
メーーン!!
すみません！ご迷惑をおかけして…
いえいえ
気にしないで
水に流しましょう
じゃっ
スチャッ
きゅん

まなみさん…
今すぐ！
恋愛運を上げる食事をつくりましょう!!
くるっ くるっ
しゅたっ
早く～ 私もう準備できましたよっ
え～～まって～～
恋は人を変えるのう
まなみの家
やるわよー
おー
恋愛運を上げる料理って何をすればいいの？
ん～ 人の色恋沙汰には興味がないのぅ
どしゅっ
ぜ・ひ☆お願いいたします
このために特注の包丁を作りましたの♡
こ、高級な包丁を使うのは運を上げるのに良いぞ…
仕方ない
恋愛運アップには長いものじゃ
パスタとか
長いもとか
まあ♡ これがワシのキューピットに♡

食材だけじゃなく
調理法も大事じゃ
焼くとか
煮るとか？
例えば…
恋愛運に効くパスタを
仲を深める白い
クリームソースで和えれば
ラブ運が倍増じゃ
夫婦仲もよくなるぞ
それに
しましょう!!
ハイ
みゆもやる～
じゃあ
これ洗って
ニャ～
じゃぶ
じゃぶ～
もったい
ないのぅ～
え？
食材を丁寧に洗ったり
キレイに皮をむくと
食材の持つ運が上がる
食べ物は、自分を
大事にしてくれる人に
応えてくれるんじゃよ
みゆちゃん
丁寧に
洗って
みようか
はいっ
いいにおい～♪

できた～!!
はー…こんなきちんとしたごはん久々かも…
おいしー
みんなで食べるとおいしいですね
食材がイキイキしておる
みんなでおいしく食べるとその喜びでますます運も上がるのじゃ
確かにそうかも～
あと、山のように高く盛り付けると金運が上がるぞ
ただいまー
!?
何してんの!?
1ミリでも高く!!
たかー
ギネスに挑戦じゃ

下ごしらえ・調理法

安い食材でも「おいしくなるように」と心を込めて丁寧に調理すると、食材の持つ運が上がります。調理法によっても開運効果が変わるので、ほしい運に合うものを選びましょう。

全体運

丁寧な下ごしらえで食材の開運パワーを引き出す

食材をキレイに洗うと、汚れとともに悪運も落ちます。丁寧に皮をむいたり、キレイに切ったり、下ゆでやアク取りをきちんとすると、味も運もグンと良くなります。

くしゃくしゃのアルミホイルをスープや煮物にのせて煮るとアクが簡単に取れます

食材を混ぜる時は時計回りで丁寧に混ぜると、気の流れが良くなります。

調理法で運をプラス

同じ食材でも、焼く・ゆでる・和えるなど、どの方法で調理するかでプラスされる運が変わります。食材の開運パワー（→ P98 ～）と組み合わせ、運を上げましょう。

好きな人とシチューや鍋を食べると、仲が深まります

焼く・炒める　金運

火のパワーで食材を焼き、黄金色にすることで金運アップ。

揚げる　金運　才能運　人気運　勝負運

金運とともに才能運や人気運が上がります。一発勝負にも強くなるので、プレゼンやテスト前などに食べるのもオススメ。

ゆでる・煮る・蒸す　結婚運　家庭運

じわじわと運が良くなり、幸運体質をつくります。色々な食材を調理することで多くの栄養と運を取り込むことができ、特に結婚運や家庭運に効きます。

和える　仕事運　金運　健康運　家庭運　対人運

ドレッシングなどの調味料の味が辛いと仕事運、酸っぱいと仕事運や健康運、甘いと金運がアップ。色は白だと対人運、茶は金運や家庭運、赤は仕事運、緑は健康運を上げます。

＼らくカジ！／

縦軸に食材（牛肉・豚肉・鶏肉・魚など）、横軸に調理法（焼く・揚げる・ゆでる・煮る・蒸す・和えるなど）を書き、交わるところにメニューを書いてリスト化しましょう。献立に迷うことやマンネリ化が減り、毎日の料理がラクになります。

※冷蔵庫に紙などを貼ると金運が下がるので、別の場所に置きましょう

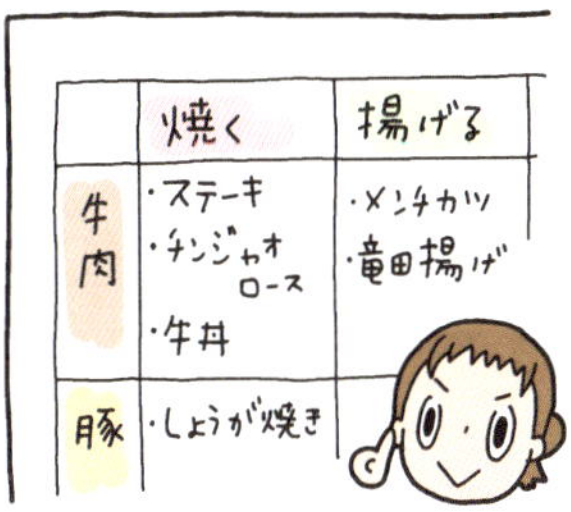

リストアップしておけば献立に悩む時間が減るよ

メニューで開運

人に会う時はしょうが焼き、大事な仕事の日にはシュウマイなど、自分や家族の予定に合わせた開運メニューを選びましょう。

肉のおかず

[唐揚げ]
金運・人気運

[ハンバーグ]
金運・仕事運・財運

[トンカツ]
金運・人気運

[しょうが焼き]
金運・対人運

[餃子・シュウマイ]
仕事運・財運

[コロッケ]
金運・人気運・家庭運

[ロールキャベツ]
仕事運・財運

[麻婆豆腐]
健康運・仕事運

魚のおかず

[天ぷら・エビフライ]
才能運・人気運

[刺身]
赤身魚なら仕事運・出世運
白身魚なら恋愛運・結婚運

[煮魚]
家庭運

卵のおかず

[卵焼き]
甘いと金運・塩辛いと仕事運

[ゆで卵]
金運

[茶碗蒸し]
仕事運

野菜のおかず

[肉じゃが]
家庭運・金運

[筑前煮]
家庭運

[きんぴら]
家庭運

[ラタトゥイユ]
美容運・健康運・才能運

[ナムル]
人気運

[漬物・ピクルス]
家庭運

ほうれん草のおひたしは
美容運に効くよ

ご飯・汁物

カレーライスは
仕事運アップ！

[おむすび]
全体運・仕事運

[うな丼]
全体運・金運・対人運

[みそ汁]
家庭運

[チャーハン]
全体運・金運・財運

[オムライス]
全体運・金運・健康運

[おもち]
仕事運・勝負運

デザート・お菓子

[クッキー]
仕事運

[プリン]
金運・家庭運

[ゼリー]
恋愛運

[アイス]
金運

[ドーナッツ]
金運・人気運

[シュークリーム]
恋愛運・結婚運

食後に甘いものを食べると
金運が上がるよ

緑茶や紅茶、コーヒーなど、香りのいいお茶は人間関係や恋愛を円滑にしてくれます。グリーンなら健康運、黄金色は金運、茶色は家庭運に効きます。

金運
UP！

開運
レシピ

ふわとろ親子丼

金運を上げる卵と鶏肉を使った親子丼は、「超」強力な金運アップ丼！ 卵の入れ方を工夫して、ふんわりおいしく仕上げましょう。

材　料（4人分）

鶏もも肉…１枚（300g）
卵…６個
たまねぎ…１個
ご飯…４膳分
だし汁…3/4 カップ
しょうゆ…大さじ３
酒・みりん…各大さじ２
砂糖…大さじ１
三つ葉…適量

作り方

1 鶏肉をひと口大に切り、酒・しょうゆ各小さじ１（分量外）をふりかけておく。たまねぎは薄切りにする。卵はざっくりといておく。

2 鍋にだし汁、しょうゆ、酒、みりん、砂糖を入れて火にかけ、鶏肉を入れる。肉の色が変わったら、たまねぎを加える。

3 たまねぎに火が通ったら、卵を 3/4 の量だけ入れ、フタをせず３分加熱する。

4 器にご飯をよそい、その上に③をのせる。残りの卵を等分にかけ、フタをして軽く蒸らす。最後に三つ葉をのせる。

＼調理する前に
卵を常温に戻しておくと
ふんわり度がアップ！／

卵をざっくりとくと、とろりとした食感に

＼ポイント／
卵を２回に分けて入れ、火を通しすぎないことがふわとろに仕上げるコツです。

開運
レシピ

なめらかクリームパスタ

恋愛運
UP！

恋愛運アップには、パスタがオススメ。白いソースには人間関係を育む力があり、好きな人との仲を深められます。夫婦円満にも効きます。

材　料（4人分）

ベーコン…6枚
ほうれん草…200g
しめじ…1パック
パスタ…360g
牛乳…3カップ
小麦粉…大さじ1
粉チーズ…大さじ1
オリーブオイル…大さじ1
塩・こしょう…各適量

作り方

1 鍋に湯を沸かし、パスタをゆでる。ベーコンは1cm幅に切り、ほうれん草は洗って5cmの長さに切る。しめじは根元を落とし、小房に分ける。

＼ポイント／

湯1ℓに対し、10gの塩を入れてパスタをゆでると、コシが出て味も引き締まります。ソースをからめる系のパスタは、袋の表示時間より1分ほど短くゆでるのがオススメ。

2 熱したフライパンにオリーブオイルを入れ、ベーコン、ほうれん草、しめじを炒める。しんなりしたら小麦粉を入れ、粉っぽさがなくなるまで炒める。

3 牛乳を加え、弱火にして煮る。煮立つ直前に粉チーズを加える。

4 ゆでたパスタを加え、全体を混ぜる。塩・こしょうで味をととのえ、器に盛る。

③でコンソメを加えてもOK

仕事運UP！

開運レシピ

ジューシー餃子

皮で包まれたものを食べると、仕事運と財運がアップ。具が肉なら金運、エビなら才能運がプラスされます。たねの混ぜ方を工夫してジューシーに。

材　料（4人分）

豚ひき肉…80g
キャベツ…1/4個
にら…1束
餃子の皮…24～30枚
片栗粉…小さじ1
塩・サラダ油…各適量
A［しょうゆ・ごま油…各大さじ1
　 酒…大さじ1/2
　 砂糖…小さじ1］

作り方

1 キャベツは芯を取り、みじん切りにする。ボウルなどに入れ、塩少々をふって混ぜ、しんなりしたら水気をしぼる。にらは細かく刻む。

2 ボウルにひき肉を入れ、粘りが出るまでよく練る。Aを加えて下味をつけたら、①と片栗粉を入れ、全体がなじむまで混ぜる。

最初に肉だけをしっかりもんでね

＼ポイント／

肉に味をつけてからキャベツを加えると、キャベツの水分で味が薄くなるのを防げます。

3 皮の中央に②を大さじ1程度のせ、皮の縁に水をつけて包む。残りのたねも同様に包む。

4 油をひいていないフライパンに③を並べ、1/3が隠れるくらいの高さまで熱湯を入れる。フタをして火をつけ、水分が蒸発するまで蒸し焼きにする。最後に油をサッと回し入れ、焼き目がついたら器に盛る。

熱湯を入れることでふっくらとした仕上がりに

開運
レシピ

ほくほくポテトサラダ

家庭運
UP！

じゃがいもは家庭運を上げ、仕事や勉強をコツコツ進める根気強さを育てます。じゃがいもを皮つきのままで蒸し、ほくほくに仕上げましょう。

材　料（4人分）

じゃがいも…2個	たまねぎ…1/4個	マヨネーズ…大さじ4
きゅうり…1/2本	ハム…2枚	塩・こしょう…各適量

作り方

1 じゃがいもは皮つきのまま、竹串がすっと通るくらいの柔らかさになるまで30分ほど蒸す。

＼ポイント／
皮つきのまま蒸すと、じゃがいもに余分な水分が入らず、ほくほくした仕上がりに。

2 きゅうりは輪切りにして塩をふり、しんなりしたら水気をしぼる。たまねぎは薄切りにして塩をふってもみ、水洗いして水気をしぼる。ハムは細切りにする。

3 じゃがいもの皮をむき、食感が残るよう、ざく切りにする。じゃがいもが熱いうちに塩・こしょうをふり、下味をつける。

4 ③が冷めたら、②とマヨネーズを加えて混ぜ、器に盛る。

＼ポイント／
マヨネーズはじゃがいもが冷めてから入れると分離せず、味が染み込みやすくなります。

食器の選び方・盛り付け

口に直接触れる食器や箸をいいものにすると、食事で吸収できる運が上がり、器の大きい人になれます。いい食器は普段づかいにしましょう。美しく盛り付けると、食材の持つ運が倍増します。

金運　出世運

普段づかいの食器を高級にし金運や出世運アップ

ワンランク上の食器を使うと、それに見合う格の人になり、金運や出世運がアップ。箸など、買いやすいものから少しずつ高級にしていきましょう。

高級な箸はステータスを高めます

子どもにも質のいいものを使わせると格が上がり、大きな仕事ができる子に育ちます。

ほしい運で使い分けるのじゃ

金運　対人運　仕事運　発展運

お皿の形で運が変わる ほしい運の食器を選んで

丸い食器は金運や対人運を上げ、いい縁を運びます。四角形や長方形、六角形のお皿は仕事運アップ。リーフ形は若さや発展運をもたらします。

素材はプラスチックのものより、天然素材のものの方が開運効果が上がります。ほしい運の色（→P155）で選ぶのもオススメです。

悪運さまの

もったいないのぅ

食器は形だけでなく、素材も重要。夏は涼しげなガラス素材、冬は温かみのある陶器を使うなど、季節に合わせて食器を変えると、大きなチャンスをつかむことができるぞ。ランチョンマットやコースター、箸置きなどで季節感を取り入れるのもOK。季節に合わせたテーブルコーディネートで、運を上げるのじゃ。

パックやタッパーのままだと食材の運が半減します

仕事運　出世運　出会い運

器に盛り付けると格が上がり いい出会いや出世をつかめる

食材を丁寧にお皿に盛り付けると、食材の開運パワーを最大限に吸収できます。いい器を使うと自分の格が上がり、ハイレベルな人との縁が得られます。

トップに薬味やハーブ、半熟卵などを飾ると効果的

恋愛運　出会い運

横に長く並べた食材でいいご縁を招く

食材を横に並べると、恋愛運や出会い運が上がります。食材の形や大きさをそろえて切り、均等に並べましょう。クッキーなどのお菓子でしてもOK。

金運　財運

食材を高く盛り付けて金運と財運を積み上げる

食材を山のように高く盛り付けると、金運や財運がアップ。食材を３回に分け、真ん中が高くなるように重ねていくと、キレイな円錐状になります。

食材は器いっぱいにのせず、６～７割くらいの量を盛り付けるようにしましょう。器に余白があると食材の形や色が引き立ち、オシャレな盛り付けになります。

ソースやドレッシングの色でほしい運をプラス（→P107）

美容運

色とりどりの一皿で美容運を上げる

カラフルな食材やソースを盛り付けると、美容運がアップ。赤・黄・緑・白・黒の５色を、食材やソースなどでバランス良く取り入れましょう。

＼らくカジ！／

ワンプレートにご飯やおかずを盛り付けると、華やかで美容運アップ。後片付けもラクに。

運が上がるお弁当

夫や子どものお弁当も、箱の形や色で運を上げることができます。おいしいご飯やおかずを詰めて、家族に運と愛情を送りましょう。

[夫の仕事がうまくいく]

四角で光沢のあるお弁当箱だと、仕事運や出世運がアップ。質が良く立派なものほど運が上がります。

[プレゼンやテストで成功]

アルミなど、光るお弁当箱を使うのが◎。当日は赤い布で包むと勝負運がアップ。赤いひもでもOK。

[子どもが友達と仲良くなる]

丸や楕円のお弁当箱を使うと、縁が深まります。色は白やピンクなど、乳白色に近い色がオススメ。

[子どもの成績を上げる]

茶色のお弁当箱を使うと、コツコツ勉強する忍耐力がつきます。赤い布で包むと直感力がアップ。

[家族の仲を深める]

木や竹などの自然素材のお弁当箱を使うと、家庭運が上がります。家族の健康運もアップ。

食べる時間や環境

食べ物から運をもらうには、食べ方も重要です。テレビやスマホを見ながらの〝ながら食べ〟や、急いでかきこむ〝早食い〟は避け、くつろいだ空間で味や香りを楽しみながらいただきましょう。

仕事運　健康運

太陽の動きに合わせて食べる

「1日2食」や「朝食は食べない」など、不規則な食べ方をせず、朝昼夜きちんと食べましょう。物事がスムーズに進み、仕事などがはかどります。素直な心や勤勉さが育つ効果も。

「家族団らんの日は、家庭運アップのシチュー」「午後のプレゼンに向けて、勝負運を上げるまんじゅう」など、シーンや予定に合わせて開運メニュー（→ P108 ～）を選ぶと◎。

全体運

好きな人と楽しく食べると食べ物も喜ぶ

家族や友人、職場の人と楽しく食事すると、食べ物の持つ運が高まります。また、家族が会社や学校にいて離れている時でも、お弁当などで同じ時間に同じものを食べれば、仲が深まります。

＼らくカジ！／

ホットプレート料理なら、調理からみんなで楽しめます。簡単で見栄えのいい料理ができるのも◎。

悪運さまの

もったいないのぅ

食べ物はできたての時に食べると、運がたくさん取れるぞ。つくりおきや冷凍した食品は、ほしい運をいつでも取れるというメリットがあるが、できたてに比べるとパワーは下がってしまうのじゃ。運を強力に上げたい時は、できたてのものをおいしく食べるのが一番じゃよ。

いい音楽を流すのも全体運を上げます

金運　健康運

食事は周りの環境も大事キレイに整えて運気アップ

食事中は周りの環境からも運を吸収します。ダイニングテーブルが片付いてないと、金運や健康運がダウン。キレイな状態で食べましょう。

ランチョンマットを敷くと家族が自分の食器を意識するようになり、食べ物をこぼすことが減ります。食後には、自分で食器を片付けようとする意識が芽生える効果も！

後片付け

使った調理道具やお皿が汚れたまま放置されていると、運がダウン。また、食器のくすみは肌荒れにもつながります。調理後や食後はすぐに後片付けをし、キレイな状態にしましょう。

100円など、安いものでいいのでまめに替えて

全体運

清潔なスポンジとふきんで悪運を広げない

汚れたスポンジやふきんには悪運がつき、それで食器を洗うと悪運を広げてしまいます。スポンジやふきんはまめに替えて清潔に。開運カラー（→ P155）で選ぶのも◎。

＼らくカジ！／

フライパンや鍋は熱いうちに洗うと汚れが落ちやすいので、調理の合間に洗いましょう。ひどい油汚れやソースは、新聞紙やスクレーパー（シリコンのヘラ）で取り除いてから洗うとラク。

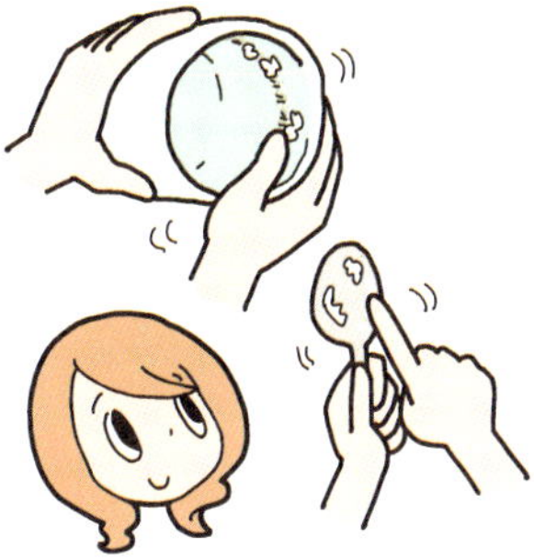

重曹の代わりに
塩でこすってもOK

美容運 才能運

食器のくすみを重曹で取り美容運と才能運アップ

カップの染みや湯のみの茶渋、カトラリーのくすみは、重曹をかけて指でこすり、よくすすぎましょう。カトラリーがピカピカになれば才能運もアップ。

＼らくカジ！／
くすんだグラスは軽く濡らして重曹を入れ、丸めたラップで磨くとピカピカになります。

恋愛運 対人運

弁当箱や保存容器のニオイは塩でスッキリ

プラスチックの弁当箱や保存容器のニオイは、恋愛運や対人運を下げます。塩大さじ２と水を入れてフタをし、軽くふってニオイを取りましょう。

1回で取れない場合は
何度かくり返して

米のとぎ汁に30分つけ、洗剤で洗い流してもニオイが取れます。

金運 健康運

洗った食器や調理道具はすぐしまって運をキープ

洗った食器や調理道具を濡れたまま置いておくのは、汚れたものを放置するのと同じで金運と健康運がダウン。洗ったらキレイに拭き、しまいましょう。

運が上がる財布

日々の買い物に欠かせない財布は、選び方や保管の仕方などで、持ち主の金運を大きく変えます。大切に扱い、お金に愛される財布にしましょう。

色の開運パワーを活用

財布の色で開運効果が変わります。強い黄や赤、青は貯まりにくいので注意。

マスタード
金運をキープし、収入が安定する

ピンク
人からのサポートを受けてお金が増える

ベージュ
お金を生み出し、着実に貯められる

ゴールド
財布の王様。財産を与えてくれる

ホワイト
物事を育む力を高め、貯蓄運アップ

ブラック
持ち主の格を上げ、金運をキープする

お札と小銭を分けると貯まる

お札と小銭は格が違うもの。お札入れと小銭入れを別にすると、お金が貯まるようになります。

財布を買うタイミングは春か秋が◎。春に買う財布は「お金が張る財布」で、金運を育てます。実りの季節・秋に買う財布は、豊かさをもたらします。

週に一度は中身を全部出し、固くしぼった布で拭いて

まめに整理＆掃除をする

財布は「お金の家」。お金が居心地良く過ごせるよう、レシートや不要なものはためないように。カード類は４枚･６枚･８枚がオススメ。

お金を呼ぶものを入れる

お札入れに黄色の紙を１枚入れると金運アップ！ また、お金持ちの人に交換してもらったお札を「種銭《たねせん》」として入れると、お金が増えます。

大金を財布に入れて１日過ごすと、お金まわりが良くなります。特に９月９日（重陽の節句）にすると効果的。この日に財布を新調すると効果倍増！

寝室の北側に保管できるとベスト！

北の暗い場所に保管する

お金は暗い場所に保管すると増えます。財布は、貯蓄運を上げる北の暗い場所に保管するのがオススメ。財布専用の引き出しがあると◎。

幸せを呼ぶ家計簿

家事の合間に書き込む家計簿も、つけ方を変えるだけで開運アイテムに！ 毎日の収支だけでなく、夢や願望なども書き、楽しい家計簿にしましょう。

質のいい筆記用具を使う

紙質のいい家計簿や高級な万年筆など、質のいい文具を使うと自分の格が上がり、収入アップや出世などにつながります。

いいものを使うと
それに見合う金運がつきます

楽しい気持ちで書くと
叶いやすくなります

夢や願望を具体的に書く

収支だけでなく「次の給料でこれがほしい」「100万円あったらこれを買おう」など、叶えたいことを具体的に書くと、実現度アップ！

夢を書き込んだ家計簿を家や部屋の中心に置くと、実現しやすくなります。

第４章
運が良くなる
洗濯

あ～ 大事なママ友会なのに
寝坊した!!
バタバタ
あー
何してるの？
さいきん悪運さまいないねー
ここにもいなーい
そんなのいいから行くよっ
わー
ペロ～
なんとか間に合った…
ここのランチおすすめよー
ん？
!!
こんなところにシミが!!
しまった…
これでなんとか…
スススス…
荷物置いたら？
食べにくくない？
き、気にしないで…
食後にケーキはいかがですか？
わー♡

そうだ!!
甘いものを食べると
金運が上がるって…
くるっ
ガシャン
あっ
すっすみませんっ
帰宅後
今日はこの服のせいで
とんだ災難に…
もったいないのぅ~
フフフ…
悪運さまみっけ!
さては
悪運さまが
ついてきたのね!!
ワシはそんな
ことせんよ
ちっちゃい?
ぷーん
わざわざワシが
出向かなくても
あんたが悪運を
つけていったんじゃ
へ?
どーゆーこと?

おでかけ〜♪
服の汚れは悪運と同じ
汚れた服を着るのは わざわざ悪運を身につけて 出歩くようなものじゃ
ガーン
中でもシミのついた服を着ると、汚点がつくようなことが起きる!!
今日のあれ まさに!!
シワシワの服を着ていると 心身がビシッとせず
うっかりミスや 失敗などをしてしまう
資料まちがえた!!
ヨレ ヨレ
えりが汚いと隙をつかれて 人にだまされたりするし
靴下が汚れていると 足元を見られてしまうのじゃ
こうしちゃいられない!!
家じゅうの服を キレイにするわよ!!
これもクリーニングに
…だいぶ やる気が 出てきたのう

こんにちは～
あ！
クリーニング
ラメオンクリーニング
この間の…
あ、こんにちは
ここで働いてるんですね
バイトですか？
はい
この間の方は大丈夫でしたか？
ええ、ケガもなく…
恋の病にかかってます
？
お預かりします
後日
おぉ盛大だな
今日はいっぱい洗うよー
ざぶざぶ～
そういえば悪運さまは？
今日は見てないかも
家も服もキレイになったからかな
ふふーん♪
悪運さまはなんで俺たちにいいこと教えてくれるのかね？
？
……
なんでだろ？

運が良くなる

洗濯

服を洗って悪運を落とし幸運体質に

服や靴は、体を包む「家」のようなもの。体の汚れや悪運を取り、いい運を招くのをサポートしてくれます。洗濯やアイロンがけなどで服をキレイにすると、仕事や人間関係がどんどん良好に！　また、洗濯機はくるくる回ることから「円＝縁」を司り、キレイにするといい出会いに恵まれます。香りや色の開運効果なども活用し、衣類の幸運パワーを高めましょう。

運が良くなる洗濯 3 つのルール

1 清潔でシミ・シワのない状態に

服が汚れていると、仕事や人間関係でトラブルを招きます。
洗濯やアイロンがけでキレイな状態をキープしましょう。

2 洗濯機を定期的にお掃除

服を洗う洗濯機が汚れているのはNG！ 定期的に掃除し、
汚れも悪運もしっかり落とす洗濯機にしましょう。

3 服の保管やケアもきちんと

服を丁寧にたたんだり、キレイに収納すると開運パワーが
アップ！ 衣替えなど、定期的なメンテナンスも忘れずに。

洗い方や洗剤を工夫すれば
汚れは簡単に落ちます
素材に合わせたケアで
服を傷めずキレイにしましょう

洗濯機周りの掃除

洗濯機の外側と内側をキレイにすると、服の汚れと悪運が落ちやすくなり、美容運や健康運が上がります。洗濯機の周りの洗剤や小物も整理し、除湿して明るい空間にすると開運パワーがアップ！

ホコリキャッチの
ゴミもまめに取ってね

美容運　健康運　悪運落とし

洗濯機をまめに拭き、清潔に

固くしぼった雑巾で洗濯機の外側を拭き、汚れを落としましょう。また、洗濯後に洗濯槽やフタの水滴を拭くのを習慣にすれば、カビの予防ができます。

洗剤投入口に洗剤カスがたまると、カビの原因に。洗濯したら布で拭き、清潔にしましょう。

ストッキングが汚れたら洗って使えばOKです

恋愛運　対人運

ホコリは人間関係にマイナス ストッキングハンガーで除去

洗濯機の下などのホコリは、ハンガーをひし形にし、ストッキングをかけたもので取りましょう。手が届かない場所のホコリを、静電気が集めてくれます。

＼らくカジ！／

家具と家具のすき間など、ストッキングハンガーを他の場所でも使えば隅々までキレイに！

悪運さまの

もったいないのぅ

汚れた服を置きっぱなしにしてると、仕事運や対人運がダウン。こまめに洗濯するか、布をかけて見えないようにするのがオススメじゃ。また、洗濯機の周りの洗剤や小物を整理するのも、運を上げるのに重要。整理した後、洗濯機の近くに紫やラベンダー色のタオルや小物を置くと、悪運を落として良い運を招く空間になるぞ。

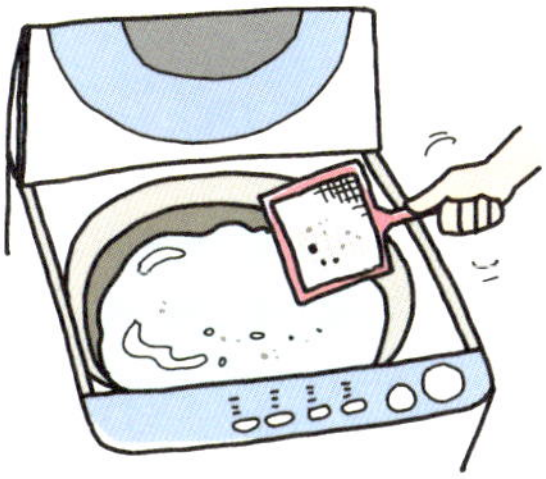

汚れが出なくなるまで、すすぎ・ゴミ取り・排水をくり返して

美容運　健康運　悪運落とし

洗濯槽の汚れは 過炭酸ナトリウムでスッキリ

洗濯槽に40℃の湯と過炭酸ナトリウム（湯10ℓに対し100ｇ）を入れ、「洗い」で20分回します。浮いてきた汚れをネットなどで取り、すすぎましょう。

＼らくカジ！／

セスキを入れて洗濯する（→P134）と、洗濯槽が汚れにくくなります。

※過炭酸ナトリウムは、ドラッグストアやスーパーなどで手軽に買えます

洗濯の仕方

キレイな服を着ると悪運がすぐ落ち、いいことがたくさん起きるようになります。洗濯で服が「よみがえる」と、肌や髪がキレイになって若返ったり、人間関係が良い状態に戻ったりします。

美容運　対人運　悪運落とし

セスキを入れて洗浄力アップ！

洗濯機に衣類とセスキを入れ、水がたまったら一時停止し、20分おきます。その後、普通に洗濯すればOK。色落ちするものや化繊、絹、ウールなどには使えないので注意。

水30ℓに対し、セスキを大さじ1程度入れてね

\らくカジ！/

シャツのえりやそでにセスキスプレーをかけてから洗濯機で洗うと、黄ばみ予防ができます。汚れが目立つ場合は、スプレーをかけて1時間ほどおいてから洗濯機で洗うとキレイに。

仕事運　恋愛運　結婚運

香りのいい柔軟剤でほしい運を上げる

花の香りは恋愛運、フルーツ系は結婚運、ウッド系は仕事運を上げます。すすぎを２回にし、２回目に柔軟剤を入れると、香りと柔軟効果が出ます。

柔軟剤を入れすぎると洗剤の洗浄力が下がるので、使用量を守って使いましょう

服のニオイが気になる時は、入浴後の浴室に一晩つるすと、蒸気で消臭できます。スーツなどのシワも取れ、一石二鳥。朝になったら風通しのいい場所に干し、湿気をとばしましょう。

家族の絆や夫婦仲を良くします

美容運　対人運　悪運落とし

下着やシャツを裏返して洗うと美容運・対人運アップ

肌に直接触れる下着やワイシャツは、裏返して洗うと汚れが落ちやすくなります。靴下も内側に皮脂汚れがつきやすいので、裏返して洗いましょう。

靴下の底の泥汚れが気になる場合は、裏返さずに洗いましょう。

悪運さまの

もったいないのぅ

苦手な人や不幸な人と会った時や葬式に行った時に着ていた服は、悪い気がついてるので、他の服と分け、２回洗うと良いぞ。まずはその服だけを洗濯機に入れ、粗塩を少しふって洗い、悪運を落とすのじゃ。２回目は他の服と一緒に普通に洗えばOK。家で洗わず、クリーニングに出す場合は、軽く塩をふってから出すと良いぞ。

仕事運 恋愛運 出世運 対人運

頑固なシミや黄ばみは、過炭酸ナトリウムで撃退！

シミや黄ばみのついた服を着ていると、仕事や人間関係で失敗や汚点を招きます。通常の洗濯やセスキで落ちない汚れは、洗浄力が高い過炭酸ナトリウムで落としましょう。

水に触れないように保管し、粉の状態で使いましょう

過炭酸ナトリウムの使い方

「過炭酸ナトリウム 100%」のものを使いましょう。毎日の洗濯に使うと生地が傷むので、通常の洗濯で落ちない汚れに使うのが◎。手が荒れないよう、ゴム手袋を使って。

購入時や使用時は、塩素系漂白剤と間違えないように注意！ また、毛や絹、自然素材・金属の飾りがついているもの、草木染めや生成りなど色落ちしやすい衣類には使えません。

シミ・黄ばみ・くすみの落とし方

40℃くらいの湯だと洗浄力アップ！

最初の押し洗いはゴム手袋を使ってね

①シミや黄ばみのついた服を普通に洗濯します。ぬるま湯 1ℓ に対し、過炭酸ナトリウム大さじ 1/2 を入れて溶かし、洗濯した服を 1 時間ほどつけます。

②軽く押し洗いし、①の湯を捨てます。生地が傷まないよう、かぶるくらいの水と酢大さじ 1 を入れて中和し、全体を軽くもみ、水でよくすすぎましょう。

小さいシミなら、過炭酸ナトリウムペースト（過炭酸ナトリウムと重曹各大さじ 1 に、水大さじ 1 を加えて練ったもの）をぬり、1 ～ 2 時間ほど放置した後に水ですすぎましょう。

仕事運　恋愛運　出世運　対人運

シミはその場ですぐにケアし、汚れを落としやすく

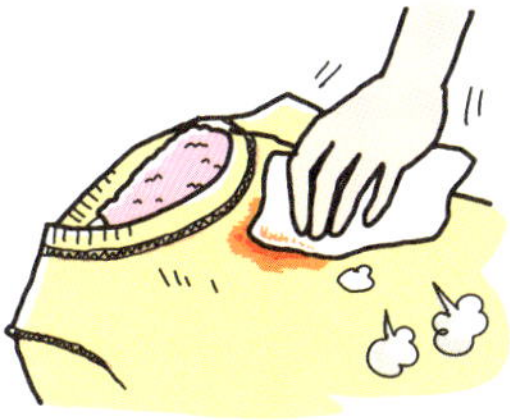

こすると汚れが広がるので注意

ミートソースやカレーなどのシミ

ティッシュで固形物と油分を取り除き、台所用洗剤をぬります。服を裏返して表側にあて布をし、布や歯ブラシでたたいて汚れを移したら洗濯機で洗いましょう。

混ぜた洗剤を歯ブラシでなじませて

リップやファンデーションの汚れ

固形物を取り除き、メイク用クレンジングオイルと台所用洗剤を1：1で混ぜたものをシミにつけます。40℃の湯で軽く湿らせ、細かくつまみ洗いしましょう。

キレイな靴下を履くとお金まわりが良くなります

金運　出世運　対人運

靴下の泥汚れには粉石けん

40℃のぬるま湯500㎖に粉石けん30gを溶かし、3時間ほど放置します。プリン状になったものを靴下の汚れにぬり、洗濯機で洗えばキレイに！

汚れが残ったら過炭酸ナトリウムペーストをぬり、1時間後にすすいで。

対人運

乾いたタオルで脱水を短縮

脱水前に洗濯機を止め、乾いたバスタオルを1枚入れると、水分を吸収して早く乾きます。洗濯物にイヤなニオイがつくのを抑え、対人運がアップ。

＼らくカジ！／

ワイシャツの脱水時間を30秒にして干すと、シワがつきにくくなります。

干し方

衣類を太陽の光にあてると、悪運が浄化され、開運パワーがアップ！ 陰干しは風通しのいいところで行い、運を補充しましょう。シワを伸ばすように丁寧に干せば、仕上がりも運も良くなります。

恋愛運 対人運 才能運

午前中～正午に干して運気アップ

午前中の光をあてた洗濯物は、恋愛運や対人運がアップ。正午（12時）の光をあてると才能運が上がります。洗濯は午前中にし、夕方までに取り込むのがオススメです。

15～17時の光にあてると婚期を逃したりするので注意

部屋干ししたものや夜に洗濯した場合も、朝の光にあてると、悪運がリセットされます。

明るい色→暗い色の順に並べて

仕事運 家庭運

素材や色ごとに並べると段取り力がアップ

洗濯物の素材や色をそろえて干すと、運を積み上げることができます。物事を段取り良く進められるようになり、仕事運や家庭運がアップ。

＼らくカジ！／

シワを抑えたい衣類は、洗濯後に乾燥機に20分かけてから干すと、キレイに乾かせます。

全体運

ニットの型崩れは運ダウン 平干しで伸びをガード

ニットを普通のハンガーに干すと型崩れしやすく、全体運が下がります。脱水後は形を整え、平らな台や平干し用ハンガーにのせ、日陰で干しましょう。

脱水は30秒くらいで十分水分が取れます

お風呂のフタにタオルを敷き、その上に広げて干すのもOK。半乾きになったらハンガーにかけ、陰干しを。

仕事運 恋愛運 勉強運 対人運

アーチ状に干して風を通し仕事や人間関係を良好に

角ハンガーは、両端に長く厚いもの、中央に短く薄いものを干すと、早く乾きます。風通しが良くなり、仕事や恋愛、勉強面でいいことが起こります。

＼らくカジ！／

部屋干しする場合は、扇風機の「弱」をあてると乾きやすくなります。

みゆちゃんお手伝いしてえらいね〜
えへへ
あのねお洋服にも顔があるんだって
悪運さまが言ってたの
顔？
人からよく見られる部分…つまり正面を〝服の顔〟って言うの
ここね
そこが表になるようにたたむと、運が良くなるんだって
お店のたたみ方みたいですわ
できるかしら☺
みゆちゃん
お手伝いのご褒美にパイ食べましょ
PIE
そういえばいい話があるよ〜
ふふふ
？？？
PIE
なんですって！

あの方はラメオンクリーニングの…!?
水に流しましょう
千《せん》拓哉《たくや》さんだって
愛称は「セ～タク」ですって
あわわ
そんな…掃除屋の跡取りの私が
クリーニング屋のバイトさんに恋するなんて…
どうしましょう
これは禁断の恋!?
いけませんわ…!
いやいやそんなことないから
いけませんわ～♡
今度アイロンがけの講習会に行くけど
お供しますっ
だよね
後日
ラメオン アイロン講習会
あら～失敗しちゃったわ
大丈夫ですよ
サッ
水に流しましょう
きゃ～
センタク～

私も流して〜
すごい人気…
負けられませんわ!!
すみません!!
私にアイロンのポイントを教えてください!!
ハイッ
この間の!!
はーい
…モップ?
アイロンがけのポイントはこれです
①手アイロンをする
アイロンをかける前に、手で布全体のシワを伸ばすと、仕上がりがキレイに
②布目に沿ってゆっくりかける
速く動かさず、一方向にゆっくりかけると、シワがキレイに取れる
人生初アイロン
こうかしら…
そうそう!お上手ですね
あら
頑張っておるのう〜
ホホホ
スィ〜
悪運さま

助言してやろう
アイロンはそれを着る人の幸運を願ってかけると良いぞ
これを着る人にいいことがありますようにと思ってかけると幸運のシャツになるのじゃ
へえ…
もしこれが拓哉さんのシャツなら…
お仕事がうまくいきますように…
もし私と拓哉さんが結婚したら…
毎日アイロンかけて…
失敗しても水に流して…
でへへ
顔が赤いですが…
はっ
アイロン!!アイロンの熱ですわ!!
妄想なんてぜんぜんですわ
してたね、妄想
捕らぬタヌキの皮算用じゃ

たたみ方・しまい方

丁寧にたたむと、服の開運パワーがアップ！ しまう時も「8割収納でぎゅうぎゅうに詰めない」「上に明るく軽いもの、下に暗く重いものをしまう」ようにすると、新しい運が入りやすくなります。

引き出しの高さに合わせてたたむとムダなく入るよ

全体運　運の補充

立ててしまう収納で運も出し入れもスムーズに

衣類は輪を上にし、立てて収納すると、把握と取り出しがラクになり（→ P83）、いい運が舞い込みます。重ねて入れた時に比べ、収納量も1.5倍ほどアップ！

タンスは南向きに置き、東に明るいもの→西に暗いものを入れるとさらに運気アップ！

仕事運 対人運 家庭運

洋服をシワがないよう丁寧にたたむと、人間関係が良好に

トップスは正面が表に出るようにたたむと、仕事や人間関係が良くなります。ボトムスをキレイにたたむと、人から大切にされ、愛される体質に。女性は家庭運もアップ！

トップス

ワイシャツやＴシャツ、ブラウス、ニットなどで使えるたたみ方です。

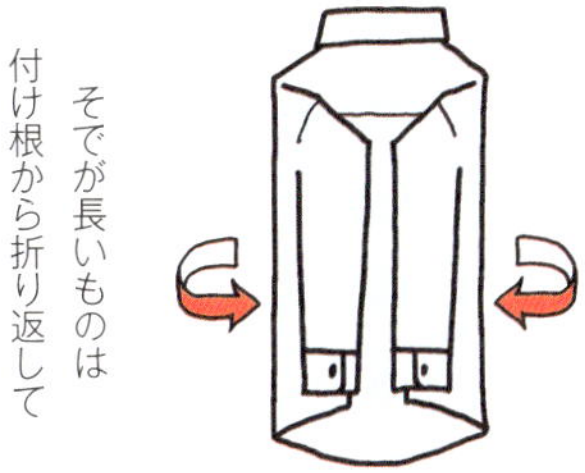

①前身頃を下にし、左右のそでと身頃を背中側に折る。

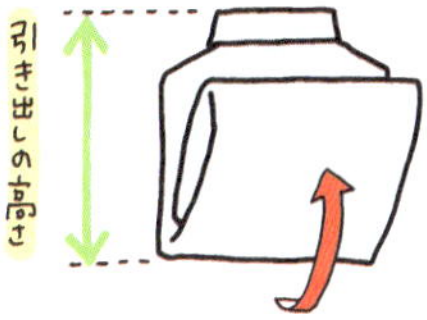

②引き出しの高さに合うよう、すその方から二つ折りか三つ折りにする。

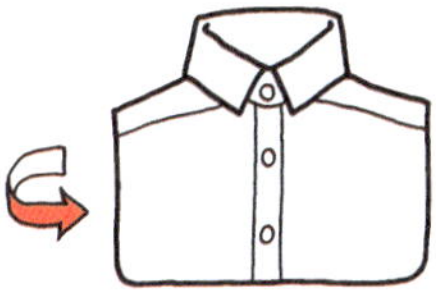

③表に返し、立ててしまう。

※ワイシャツはえりを上にしてしまう

ボトムス

パンツやジーンズ、スラックスなどで使えるたたみ方です。

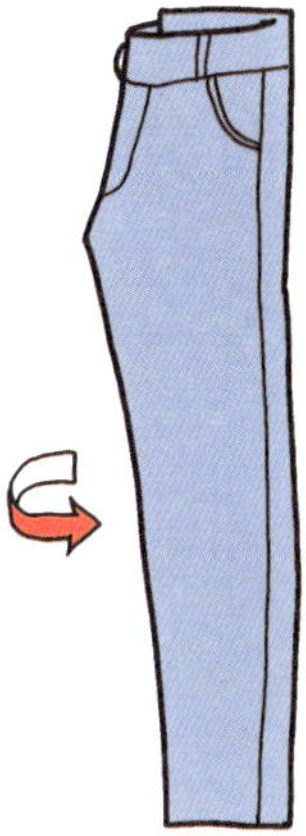

①ファスナーを基準にして、縦に折る。

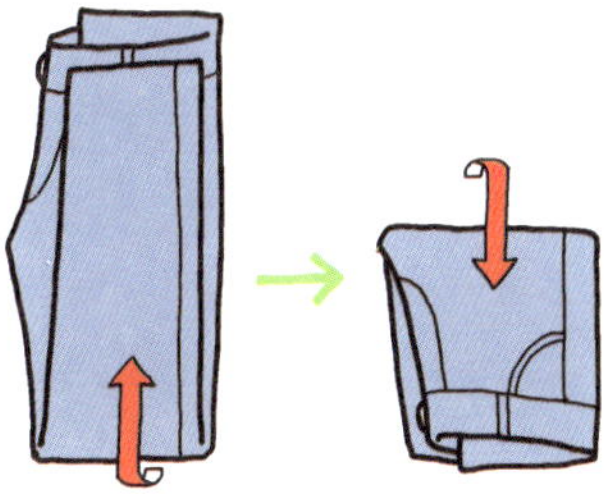

②すその方から二つ折りにし、さらに半分にたたんで、立ててしまう。

アイロンがけ

シワシワの服があると、心配ごとやトラブルが増えます。アイロンをきちんとかけると仕事運・出世運・対人運がアップ。特にえりやそでに丁寧にかけると、服の持つ運が高まり、物事がうまくいきます。

仕事運 出世運 対人運

やさしくかけてシワを取り、開運

アイロンは熱と蒸気でシワを伸ばすので、力を入れず、軽くゆっくり動かしましょう。戻りジワを防ぐため、一方向にかけるのが◎。空いてる手で服を伸ばすとキレイに。

アイロンの先端を軽く浮かせるイメージで

綿・麻・ポリエステルなどの素材には、ドライアイロンをかけましょう。ウールやアクリルなどの素材、パンツやスカートの折り目にはスチームアイロンをかけます。

仕事運 出世運 対人運

アイロンのかけ方① ワイシャツ

ワイシャツのシワを取ると、仕事運や対人運がアップ！ シャツ全体を霧吹きで濡らしてからかけると、シワが伸びやすくなります。空いてる手で伸ばしながらかけましょう。

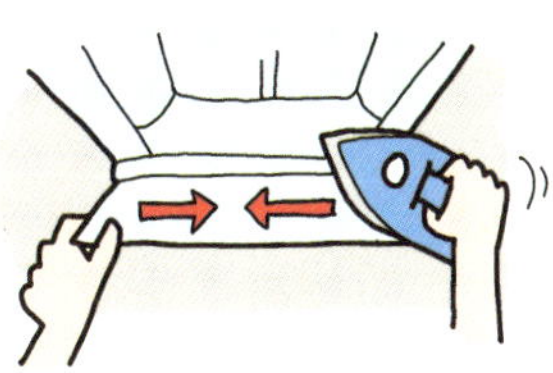
空いてる手でえりの
端を引っ張ると◎

①えりは、裏側の左右から中心に向けてアイロンをかける。表側も同様に。

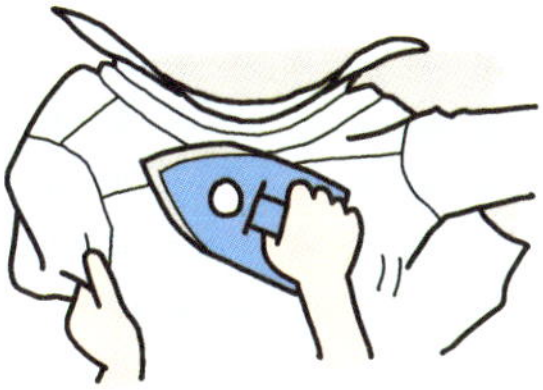
えりを立てた状態で
かけます

②アイロン台の角に肩の部分をかけ、えりの曲線に沿ってヨークにかける。

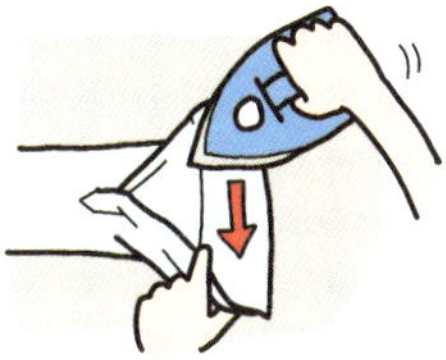

③ボタンを開けてそで口を広げ、左右の端から中央に向かってかける。

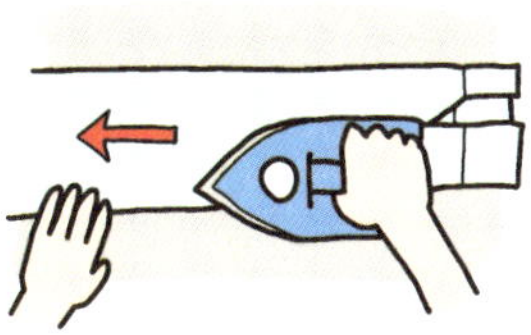

④そで下の縫い目を基準に、そで全体を手で伸ばし、そで口から肩へかける。

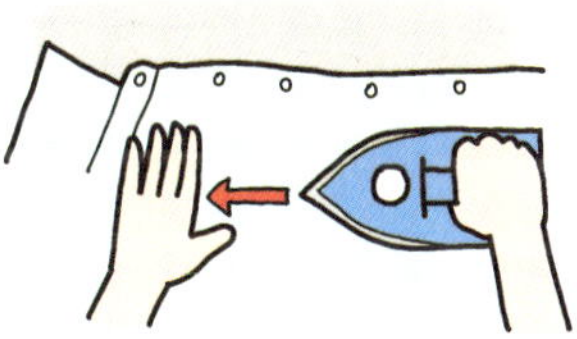
片手で伸ばしながら
かけましょう

⑤右の前身頃を広げ、すそからえりに向かってかける。左と後ろ身頃も同様に。

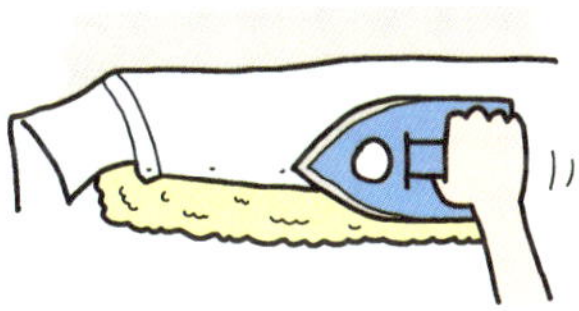

⑥前立てはボタンを下にしてタオルの上にのせ、裏からかけるとスムーズに。

＼らくカジ！／

時間がない時は、えり・そで・前立ての３ヵ所だけでもかけると全体の印象がキレイに。

※ヨーク＝肩～背中の切り替え部分。生地が二重になっている　※前立て＝ボタンやボタンホールがある部分

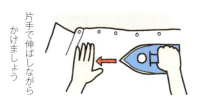

仕事運 出世運 対人運

アイロンのかけ方② パンツ

折り目をキレイにすると仕事運や対人運が上がり、物事がいい方向に進みます。ポリエステルやウール、麻などはアイロンを直接あてるとテカるので、あて布をしましょう。

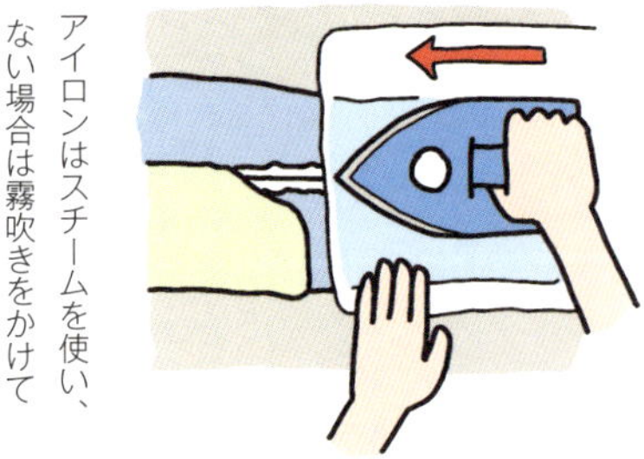
アイロンはスチームを使い、
ない場合は霧吹きをかけて

①パンツを裏返し、脇の縫いしろがアイロン台の中央にくるように置く。縫いしろを割り、すそから腰の方へかける。

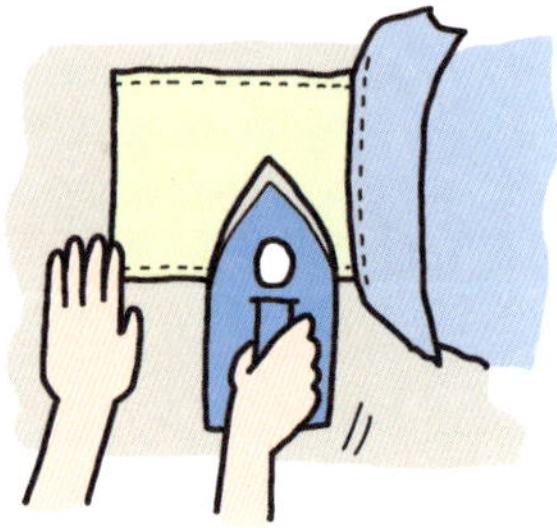

②裏返した状態でポケットを引き出し、空いている方の手で端を伸ばしながらかける。

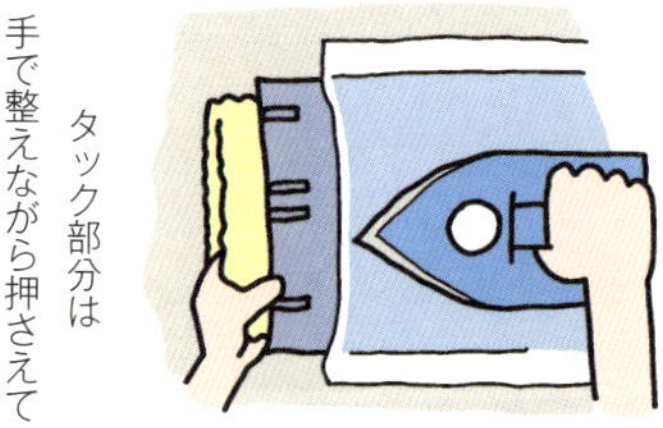
タック部分は
手で整えながら押さえて

③表に返し、腰周りに丸めたタオルを入れる。パンツを少しずつ回しながら、腰周りにアイロンをかける。

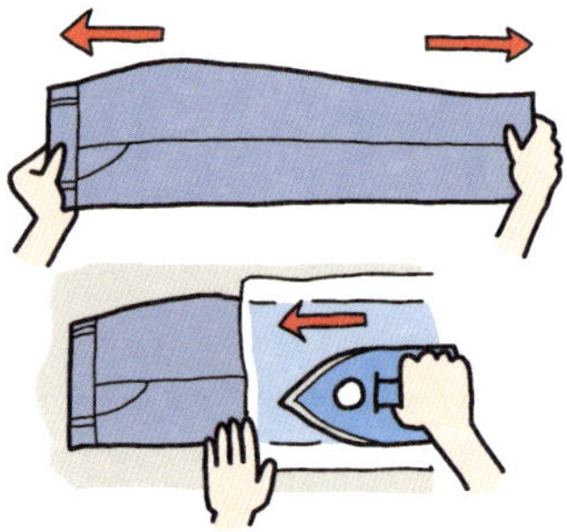

④脇の縫い目を合わせ、全体を手で左右に引っ張る。すそから腰に向けて、片足ずつかける。

＼らくカジ！／

時間がない時はパンツをハンガーにかけ、ひざやお尻などの目立つシワにアイロンのスチームをかけると、シワが目立たなくなります。シャツやジャケットなども同じようにケアできます。

恋愛運 対人運 出会い運

アイロンのかけ方③ スカート

揺れるスカートは恋愛運と対人運をサポートし、いい縁を呼びます。あて布をする時は、アイロンを布でくるむと、かける場所が見えてラク＆時短に。他の衣類でも使えます。

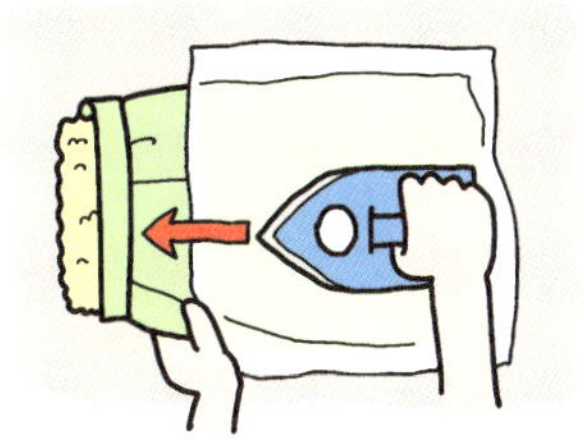

スカートに丸めたタオルを入れ、すそから腰の方へかける。スカートを少しずつ回し、全体にかける。

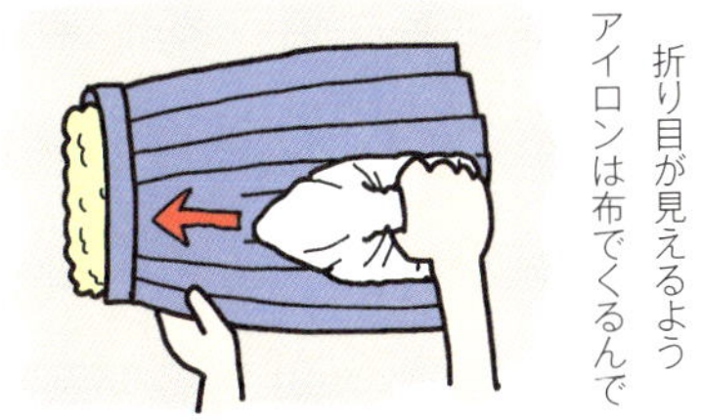

プリーツスカートは、手で折り目をキレイに整え、すそから腰の方へ、アイロンを押さえるようにしてかける。

アイロンのかけ方④ ニット

ニットは色で開運効果が変わります（→P155）。すそやそでが伸びるなど、形が崩れると色の持つ運が下がるので注意。たっぷりのスチームでふんわり仕上げましょう。

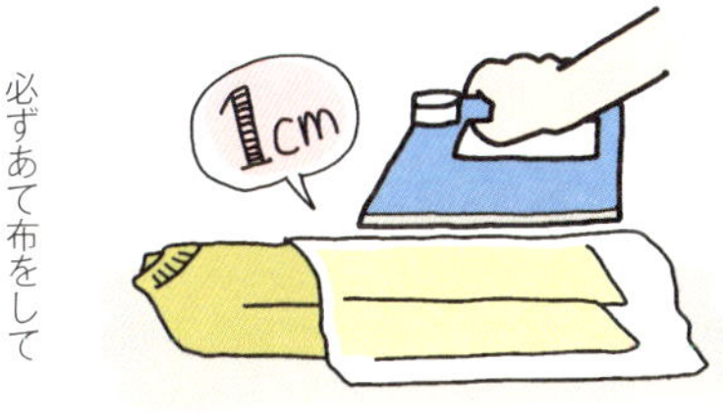

①ニットから1cmほどアイロンを浮かせ、背中→正面の順にスチームをかける。

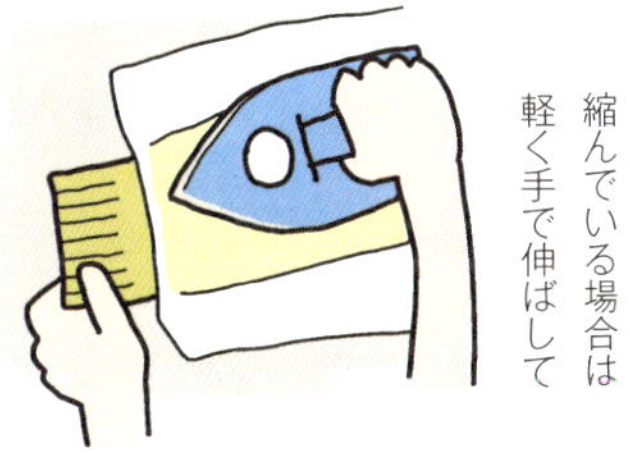

②えりやそでも同様にスチームをかける。折り目がつかないよう注意。

＼らくカジ！／

野菜の皮むきグローブでニットの表面をやさしくなでると、毛玉がキレイに取れます。

運を上げる枕・布団

運は23～6時の間に入れ替わります。その間に出た悪運は枕や布団につくので、こまめに洗濯を。1週間、毎日シーツを変えると運がグンとアップ！

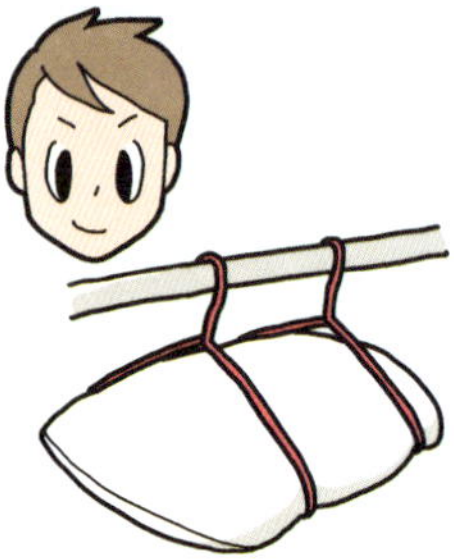

輪を広げたハンガーに通して干すと風が通るよ

清潔な枕は出世・勉強運に◎

枕カバーをこまめに洗うと、新しい運が取り入れやすくなります。本体が洗えるものは洗濯機か手洗いで洗い、干しましょう。

洗えない枕は干しましょう。ポリエステルわたやパイプ、そばがらの枕は天日干し、低反発ウレタンやビーズ、羽根、スノー低反発の枕は陰干しを。

布団は干して浄化＆清潔に

布団は体にあたる面から干し、1時間後に裏返しましょう。布団をたたくのはダニが広がるのでNG。仕上げに掃除機でホコリや髪を取って。

10～14時の間に干して湿気をとばしましょう

最近いいことがないと感じたら、朝起きた時に下着を替えるようにしましょう。部屋着とパジャマを分け、パジャマを毎日替えるのもオススメです。

運を上げるカーテン

キレイなカーテンはいい情報を招き、仕事運や恋愛運、対人運を上げます。悪運や泥棒などから家を守ってくれる効果もあるので、定期的に洗って。

掃除機でホコリを取る

三角コーナーの水切りネットを掃除機のノズルにつけると、布を巻き込まずにホコリが取れます。布を傷めないよう、吸引力は「弱」で。

上から下にかけてね

カーテンに重曹水をかけて消臭すると、恋愛運や出会い運がアップ。シミにならないか、目立たない場所で確認してから使いましょう。

汚れがちなすそを外側にしてたたむと◎

3ヵ月に一度は丸洗いする

家で洗える場合は、フックを外してじゃばら折りにし、ネットに入れて洗濯機で洗います。脱水後はカーテンレールにつるすと、シワが伸びてキレイに干せます。

カーテンは面積が大きいため、色の開運パワー(→P155)が強力に働きます。「揺れる」性質が恋愛運を上げるので、ピンクにするといい恋愛ができます。

運を上げる靴・ブーツ

キレイな靴は、金運や仕事運、対人運をアップ！
「家族がケガしませんように」「仕事が成功しますように」と願って洗うと、幸運の靴になります。

素材に適したお手入れでキレイに

新しい靴は、履く前に防水スプレーをかけると汚れがつきにくくなります。濡れたら外側と内側を拭いてつま先に新聞紙を入れ、靴底を浮かせて陰干しを。

[革]

汚れ落とし用クリームで全体を拭きます。革の色に合わせた靴クリームをぬり、ブラシで全体になじませ、仕上げに防水スプレーを。

[スエード]

スエード専用のブラシを毛並みに沿ってかけ、汚れを落とします。気になる汚れは専用の消しゴムで落とし、防水スプレーをかけて。

[エナメル]

乾拭きで汚れを落とし、エナメル専用のクリームをぬります。再度乾拭きし、ツヤを出しましょう。

[ブーツ]

履いたら内側を布で拭き、陰干しして湿気を取りましょう。外側は素材に合わせたケアを。

イヤなことが続いたら、靴底を１週間拭きましょう。運が一気に上がります。

運を上げる バッグ・コート

バッグを掃除すると家庭運や金運が上がり、玉の輿やいい会社への転職もサポートします。コートは悪運から身を守ってくれるので、いつも清潔に。

定期的に中身を出して
いらないものは捨ててね

バッグは素材に応じてケア

ナイロン・合皮のものは薄めた中性洗剤で洗い、綿や麻は消しゴムで汚れを落としましょう。革は専用のクリーナーやクリームでケアを。

長期保存する場合は、乾燥剤を入れた布の袋に入れて保管し、時々出して風にあてましょう。ビニール袋に入れるのは湿気がたまるので避けて。

コートは着たらお手入れを

脱いだらすぐブラシで全体のホコリを落としましょう。ハンガーにかけて風通しのいい場所で湿気をとばすと、汚れがつきにくくなります。

汚れやすいえりや
そでを念入りに

イヤなことがあった時に着ていたコートは、塩をふって浄化しましょう。

衣替えで運を上げる

衣替えをすると、半年分の厄落としができ、新しい運をチャージできます。「こうしたい」と思った時にチャンスがくる、幸運体質になれます。

服の状態をチェック＆ケア

入れ替え時に服の状態を確認し、汚れを落としたり、ほつれを直してからしまいましょう。来シーズンは着ないと思うものは処分を（→ P67）。

❶汚れやシミ・黄ばみ
❷すそやボタンのほつれ
❸ポケットの中身
ここをチェック！

密閉しないと防虫効果が抜けるので注意

衣類を守って収納する

服は縫い目を基準に、シワがよらないようにたたんで収納を。冬物は防虫剤を服の上に置き、フタ付きのケースにしまうと、防虫効果がキープ。

服についた防虫剤のニオイは、服をハンガーにかけてドライヤーや扇風機の冷風をあて、取りましょう。入浴後の浴室につるすのも効果的（→ P135）。

色の開運パワー

ほしい運の色を服やキッチン雑貨、インテリアなどで取り入れれば、運が簡単にアップ！　カーテンやコートなど、面積が大きいもので使うと効果大。

赤　決断力と活力を高め、健康運・仕事運をアップ。試験などの勝負ごとにも強くなります。

ピンク　愛情を深め、幸せな恋愛や人間関係をもたらします。コーラルピンクは結婚運をアップ。

オレンジ　前向きな気持ちをもたらし、出会い運や結婚運を上げます。子宝に恵まれる効果も。

黄　お金や楽しみを招く色。クリームやベージュは、人からのサポートをもたらします。

緑　健康運や仕事運、家庭運を上げます。心身をリラックスさせ、健やかな成長を促します。

青　仕事運や出世運に効きます。コミュニケーションを円滑にし、信頼関係を育む力も。

紫　身につける人の格を上げ、才能運や出世運を高めます。悪運や苦手な人を遠ざける効果も。

ゴールド　全ての運を上げる万能カラーで、特に才能運に効果大。財運を上げ、玉の輿もサポート。

白　出会いやチャレンジを成功に導き、人間関係や物事を育みます。ピンクに白のドットなど、他の色と組み合わせると、その色の開運パワーが倍増！

カチャ
おはよー
朝ごはんできてるよ
おはよー
シャツにアイロンかけておいたよ
じゃーん!!
めっちゃキレイ!!
おお〜っ
今日のプレゼン成功しますようにって
ママとみゆでかけたのよ♡
そうか〜
ありがと〜
ぎゅ〜
そうだ今度昇進するかも
ホント!?
しょうし〜〜ん
ニャッ
いってきま〜す
昇進なんて嬉しいな〜
これも家事のおかげかも
♪〜
ホホホ
よかったのぅ

悪運さま？
ずいぶん小さくなって……
運が良くなる家事も板についてきたの
ふっふーん♪
私だってこのくらい…
この家もずいぶんキレイになったし…
ワシももう行くとするかの
え？ 行くってどこへ…
居心地のいい汚部屋を見つけるのじゃ
よっこいせ
さらばじゃ
スィー
えっ
ちょっ…
……
悪運さまいなくなったんだ
悪運さま…イヤミ言ったりしながらも私たちに家事の大切さを教えてくれたのかも
一応、神さまだもんな
一応って！
プシュッ
BEER

2年後
たぬきちゃん拓哉くんおめでとう!!
お幸せに!!
ありがとうございます
みなさま本日はありがとうございます
これから僕たちはお互いの掃除と洗濯の知識をいかし、こんなことを始める予定です
ばばーん
運がよくなる! 掃除&洗濯セミナー
おぉーー!!
お手元に申し込み書もございますので
さすが次期社長…
ビジネスの才覚出してるわ〜
引出物もスゴイ…
申込書
掃除&洗濯グッズ

ただいま〜
ゴローン
あっ
コラッ
汗かいたんだから
着替えなさい!!
ヤダ〜
めんどくさーい
ん?
もぞ
もぞ
もったいないのぅ〜
にょきっ
げっ
悪運さま!?
ホホホ
悪運あるとこ
ワシはいつでも
現れるぞい
なら私たちがキレイにしますわっ
じゃーん
これからも
運が良くなる家事で
幸せゲットよ!
勝てるかなぁ?

[監修] 北野貴子（きたの たかこ）

国内航空会社にキャビンアテンダントとして勤務。その後、建築会社で社長秘書に従事する。建築会社勤務時代に仕事も兼ねて学んだ風水の知識を生かし、現在は婚活サポート企業、株式会社IBJでオフィシャルアドバイザーとして活躍中。恋愛や婚活の相談者に恋愛運アップのアドバイスも行っている。ラジオやテレビ、雑誌などメディアにも多数出演中。著書に「書き込み式 ポジティブ婚活ノート」（主婦の友社）、監修書に「新しいワタシになる 女子風水」「お掃除したら、いいことあった！」（ともにリベラル社）がある。

[参考文献]

家事のきほん新事典（朝日新聞出版）／家事の基本大事典（成美堂出版）／家事上手になれる本（枻出版社）／「家事の基本」おさらい帖（宝島社） など

コミック・イラスト　春原弥生

装丁デザイン　宮下ヨシヲ（サイフォン グラフィカ）

本文デザイン　渡辺靖子（リベラル社）

編集　渡辺靖子（リベラル社）

編集人　伊藤光恵（リベラル社）

営業　三宅純平（リベラル社）

編集部　廣江和也・鈴木ひろみ・山浦恵子

営業部　津田滋春・廣田修・青木ちはる・中村圭佑・三田智朗・栗田宏輔・髙橋梨夏

1日5分の家事で運がどんどん良くなった！

2016年12月23日　初版

編　集　リベラル社

発行者　隅田直樹

発行所　株式会社 リベラル社

〒460-0008　名古屋市中区栄3-7-9　新鏡栄ビル8F

TEL 052-261-9101　FAX 052-261-9134　http://liberalsya.com

発　売　株式会社 星雲社

〒112-0005　東京都文京区水道1-3-30

TEL 03-3868-3275

印刷・製本　株式会社 チューエツ

ISBN978-4-434-22853-7